西南边疆山地区域开发开放协同创新中心研究丛书

钟昌标　主编

云南边疆山地区域
新农村建设实践

THE NEW PRACTICES OF VILLAGE RESTRUCTURE INITIATIVE
IN YUNNAN MOUNTAIN AREAS

农伟　王智慧　崔木扬／著

社会科学文献出版社
SOCIAL SCIENCES ACADEMIC PRESS (CHINA)

前　言

2011 年以来，在党中央、国务院和中央有关部门的支持下，云南省把扶贫攻坚作为最大的民生工程，坚持区域开发与精准扶贫并重，以滇西边境片区、乌蒙山片区、迪庆藏区和石漠化集中连片特困区域为主战场，采取超常规举措加大扶贫力度，相继在 91 个县（区）实施大批基础设施、产业培育、民生改善、公共服务、生态环境保护和区域能力提升等工程建设。

云南地区边境线长，山地连片的特殊困难地区集位于边境和多民族等特点于一体，是国家新一轮扶贫开发攻坚战的主战场，是边境县数量和世居少数民族最多的地区，包括 10 个州、市 60 余个县、区以及各族群众 4700 万人。由于自然、历史等原因，云南边疆民族地区的发展普遍存在以下问题。

从地理上讲，该地地处边远高寒山区，山地、丘陵占土地面积的绝大部分，坝区面积较小。

从社会发育程度上讲，多民族地区社会发育程度总体滞后，农村贫困面大，贫困程度深。

从经济发展情况上讲，该地区生产力发展水平偏低，农业基础薄弱，经济总量小，人均值偏低。

从边疆多民族地区新农村建设上讲，这些地区的社会主义新农村建设落后。边疆民族地区社会主义新农村建设，不仅关系民族团结，而且影响边疆稳定和边防巩固。它不仅是一个经济问题，而且是一个政治问题。

众所周知，农村发展是一个综合、复杂的问题，它包含着政治、经济、社会等多方面的含义，如今农村发展正处在一个重要的"转型期"，要求从粗放型的发展模式向集约化、可持续的发展模式转变，建设一个和谐发展的新农村。农村住宅建设是新农村建设的重要组成部分，但由于粗放式、低水平的建造模式，建造质量存在诸多问题，同时也给环境和资源带来极大的压力。因此，在"禁砖"的背景下，就要以此为契机，加快集约化、绿色的建造体系的研究，改变农村住宅目前的粗放式、低水平的建设模式，跟上农村发展的时代步伐，使住宅建设走上一条集约化、可持续发展的道路。

此外，新农村建设不但要提升农民的住房环境，还要坚持"转、扶、搬、保、救"五措并举，确保贫困群众如期脱贫。全面建成小康社会，最艰巨、最繁重的任务在于贫困人口的脱贫问题。因此，做好新一轮扶贫开发工作，实现全面建成小康社会的目标，就要突出精准扶贫、精准脱贫，构建政府、市场、社会协同推进的精准扶贫开发新格局。

随着国家精准扶贫攻坚战略的提出，云南边疆山地农村发展进入一个特殊的时期。国家对于农村振兴建设的重视，使关注、研究、谈论新农村建设具有十分重要的现实意义，其中也包括了对云南边疆山地农村环境问题的关注、研究与讨论。一方面，云南边疆山地农村的环境设计问题切实关系着当地村民的人居环境问题，另一方面，云南边疆山地村镇环境建设的质量从根本上影响着国家的可持续发展。因此，急需全新的设计理念来指导云南边疆山地农村的环境设计，创造独具特色的村镇居住环境。

然而，长期以来建筑设计活动的城市化倾向使很多设计人员对农村的地方特色文化、农民的生活习惯等都不甚了了，"送别墅到乡村"等类似的设计方案并不符合农村居民生活的要求。如何贯彻以人为本，立足于农民切身利益和迫切的需求，找到一套适合农村的住宅设计方法，具有重要的理论意义。

2015 年 11 月，云南财经大学"挂包帮"活动转战马关。在云南财经大学党政领导的关心与指导下，云南财经大学钟正山美术馆、云南财经大学现代设计艺术学院，整合社会资源，联合云南强瑞新能源有限责任公司、曲靖重型机械制造有限公司、昆明民用建筑设计院组成设计研发团队，选派优秀师生进驻马关坡角镇，结合当地地域特征和人文特点，仔细思考该如何解决人畜粪便问题、提高乡村空间品质、引导生活方式、树立乡村特色，为新农村打造样板。

团队着力打造布局优化、类型丰富、功能完善、特色明显、能够显著提高社会效益的试点村落，为试点村居民营造一个看得见山、望得见水、记得住乡愁的高品质休闲旅游体验环境。通过就业培训提高服务水平，进一步增强可持续发展的能力，提高农民的收入水平，运用新技术、高科技来降低生产成本。例如钢结构、高压生土卯隼砖、CIGS 薄膜玻璃光伏发电、秸秆有机肥、中科纳米节能灯系统、道路固化剂等技术的引入，能有效地降低农村住房改建成本，特别是在农村建筑新材料应用、成本控制和社区治理方面做了有意义的探索。通过新技术的应用和农村自助建房的实践，建筑成本有效地控制在500 元左右，大大减轻了农民的负担。

结合乡村污水分散处理的现状，采用一些相对简单的生态化污水处理技术，包括人工湿地、氧化塘、土地处理系统等对垃圾、污水等进行生物技术处理，生产有机农业肥料，增加农户收入。经有效处理后，人畜粪便变成有机肥，不仅在根本上改变了脏乱差的村庄样貌，还有效地解决了试点村村民的生活生产问题。本书旨在将云南财经大学新农村建设实践的一些心得体会整理成册，抛砖引玉，为云南山地农村建设出点微薄之力。

目　录

第一章　国家战略下山地农村精准扶贫

第一节　新时期山地农村贫困问题及扶贫可持续

改革开放以来，中国实施了全国范围的、有计划有组织的开发式扶贫，减贫事业取得了举世瞩目的成就，超过 6 亿人摆脱了贫困。2011 年，中国实施新的扶贫开发纲要，截至 2014 年底，在新的扶贫标准下，减贫人口总量达到 9550 万，贫困发生率从 17.2% 降至 7.2%，为联合国千年发展目标的实现做出了巨大贡献。

中国所取得的扶贫成绩，既得益于专门设计的各项扶贫政策和项目、全社会的广泛参与和支持，也得益于长期的、广泛的、全面的宏观经济增长。在农村自然资源禀赋条件不利的情况下，宏观经济增长为贫困地区的劳动力带来了非农就业的机会。中国政府通过出台《国家八七扶贫攻坚计划（1994—2000 年）》《中国农村扶贫开发纲要（2001—2010 年）》《中国农村扶贫开发纲要（2011—2020 年）》，通过采取专项扶贫、行业扶贫、社会扶贫等多种形式，实施了产业支持、贫困劳动力转移与培训、以工代赈、扶贫贴息贷款和扶贫小额贷款、贫困地区基础设施改造和综合开发等具体扶贫措施，经过大规模贫困区域开发、整村推进和到户扶贫等几个历史阶段，中国在扶贫开发方面积累了丰富的经验。

但中国社会经济的发展在城乡、不同地区和群体间是不平衡的，绝对贫困现象在当前仍是一个社会顽疾。2014 年底，全国仍有 14 个集中连片贫困区、12.8 万个贫困村、7017 万贫困人口。这些贫困地区和贫困人口重点分布在欠发达的中西部地区，其中贫困发生率超过 10% 的有西藏、甘肃、新疆、贵州和云南，贫困人口数量超过 500 万的有贵州、云南、河南、广西、湖南和四川。从"八七"扶贫起，我国农村扶贫政策已经从救济式扶贫转向开发式扶贫，实施以整村推进为主体、以产业化扶贫和"雨露计划"为两翼的"一体两翼"扶贫战略。但是在人口大规模流动的背景下，农村劳动力大量外出，乡村空心化、社会原子化问题严重，村中缺乏年富力强的项目参与者，开发式扶贫的项目组织难度逐渐加大。总体来看，减贫效益递减问题开始突出，减贫幅度从 2010 的 26.1% 下降至 2014 年的 14.9%，要如期实现 2020 年前每年减贫 1000 万人的目标，任务十分艰巨。

一　农村贫困问题的多样性

构建科学合理的扶贫攻坚战略，首先需要正确认识和准确把握当前我国农村贫困问题的本质。从理论的高度把握贫困这一社会问题的本质，有助于切中问题的要害，找到更加合理、更加有效的扶贫政策和措施。

从表面上看，贫困问题似乎是一样的，那就是贫困人口穷苦与窘迫的生活状态。从本质上看，贫困问题其实是一种复杂的、多样的社会问题。如果我们把贫困问题仅理解为贫穷的生活、很低的收入，那么只要向贫困者提供经济援助、把他们的收入补贴到贫困线之上，就能解决贫困问题了。事实上，贫困问题的解决并非如此简单。

正确认识农村贫困问题，需要了解这一社会问题的复杂多样性。农村贫困问题的复杂多样性是针对贫困的形成原因或形成机制而言的，其主要表现为以下几个方面。

1. 自然条件禀赋性贫困

我国农村地区占地面积广，一些偏僻山区的可用资源贫乏，与外界的交通和联系十分不便。生活在这些地方的农民，主要依靠当地有限的自然资源从事农业生产，劳动成果受气候等自然条件的影响较大。因此，在这些自然条件较为恶劣的农村地区，生产和生活的脆弱性非常大，生活在这种自然条件下的人们容易陷入贫困。此类贫困问题的形成机制主要有两个因素：一是受生存的自然条件的不利影响，资源难以满足基本生活需要；二是难以获得有效的社会支持。这两种因素的影响相互关联，共同起作用，使贫困人口难以从居住的生活环境和社会活动中得到有效的生产和生活资源。

2. 生态环境相关贫困

在一些农村贫困地区，贫困问题的产生与区域性生态环境的恶化以及为保护生态实施的政策有关。由于传统农业对自然资源有较大程度的依赖，农户的收入和生活水平的提高，与他们所处的生态环境密切相关。随着资源的过度开发及气候变化等因素的影响，一些地区的生态环境不断恶化，如一些地区出现的荒漠化、盐碱化、水土流失严重、地下水水位下降等现象，直接损害了当地农民的生产和生活基础，由此产生了一批农村贫困人口。

3. 与不均衡发展相关的相对贫困

生态环境的变化可能导致贫困人口的产生，社会经济环境的变迁也可能导致贫困人口的产生。在社会经济快速转型与发展的过程中，发展机会在区域、社会群体之间的配置难免存在不均衡的问题，获得较少发展机会的区域和社会群体，实际上陷入欠发展的贫困境地。与发展不均衡相关的贫困问题的形成机制主要是发展机会配置的不均衡，其中主要是人的发展问题。在社会经济发展水平不断提高的过程中，不同区域、不同群体、不同阶层的发展机会需要得到相对均衡的增长，这样才能避免出现与发展不均衡相关的贫困问题。

4. 社会经济结构性贫困

我国贫困人口和贫困问题主要集中在农村地区，这与社会经济结构性因素的影响密切相关。所谓结构性因素，指的是与社会结构、经济结构相关联的因素。结构性贫困在一定意义上指的是由社会经济结构性要素决定的贫困问题。在市场化、城镇化、现代化的大背景下，以传统农业生产为主的农户，难以获得理想的市场机会、分享城镇发展的成果。一旦农业面临自然和市场的冲击，他们就容易陷入贫困。所以，农村结构性贫困的形成机制就是传统小农生产在市场经济大势中的劣势地位和脆弱性。

5. 特殊个体性贫困

如果说结构性贫困问题是片区的、局部性的问题，那么特殊个体性贫困则是偶发的、个体性的问题。在任何社会系统中，都会存在个体性的差异问题，有些个体因为各种特殊情况，生活陷入贫困状态，如家庭缺乏劳动力、疾病、突遭变故等。特殊贫困问题不仅存在于农村地区，城镇里也会存在。特殊贫困的形成机制是由各种偶发的、特殊的困难造成的。

6. 因知识贫乏、个性懒惰、不思进取、自我放弃产生的意识性贫困

改革开放以来，党和国家大规模实施扶贫开发项目，使7亿农村贫困人口摆脱贫困，取得了举世瞩目的成就。但是，有些扶贫救助对象在政府帮扶下脱贫后再次返贫，政府帮扶只是外在因素，其自身不给后劲，吃救济、吃社保，不思进取，缺乏竞争意识，不珍惜政府给他们安排的就业机会。他们安于现状，受长期形成的落后的传统和文化观念的影响，男人虽然身体强壮，但是不干活，靠女人家里家外操劳，有人甚至把扶贫资金和物资用来抽烟喝酒。这种情况，给多少资助，进行多少

次帮扶，也是"烂泥扶不上墙"。

7. 因建房导致的贫困

目前，国家加大力度解决农村居住环境的问题，各级政府推出一系列的建房扶持政策。一些村庄由于自然条件差，经济发展滞后，村民建起新房后家徒四壁，又陷入贫困的境地，因房致贫。

认识和理解农村贫困问题的复杂性、多样性及其主要表现，旨在为探寻有效的扶贫战略与策略提供一种逻辑框架，使扶贫政策措施的制定更有针对性、更加精确，让精准扶贫形成长效机制。

二　新时期的贫困问题及其表现

在经济高速增长和城市化快速推进的同时，地区差异和个人条件、发展机会等的差别逐渐造成了收入分配的不平等，进入 21 世纪以后，这一问题愈加严重。农村贫困格局在新的历史时期有了新变化。一是在城乡二元结构的限制下，快速的城市化和工业化进程催生大量的贫困人口，从贫困特性上看，可将这种贫困称为转型贫困，或短期性贫困、过渡性贫困。这个群体中的一部分人会在经济发展中获得机会走出贫困，一部分人的生活水平会随着城乡一体化的社会保障制度的改善而保持在贫困线以上；还有一部分人会落入贫困的陷阱，这部分人构成了所谓的贫困的增量。二是一直没有摆脱贫困，而且处于贫困代际传递状态，在工业化和城市化的进程中逐渐深陷贫困之中的人口，这些人处于我们说的绝对贫困的状态，这个群体因陷入长期性的贫困而构成贫困的存量。

由于经济增长的主要领域离贫困人口所能从事的产业越来越远，经济增长的直接减贫效应越来越弱。一直具有很强的减贫效应的农业，在国民经济中所占的比重不断下降。因此，除拥有相当大的资源规模之外，依靠传统意义上的（小规模的）基于农业开发的扶贫措施，很难解决尚存的农村贫困问题。近几年贫困问题之所以引起人们的高度关注，主要就在于贫困存量减少的速度在下降，也就是说，在现有的经济社会条件下，贫困人口似乎很难走出贫困。事实上，大部分的贫困人口已经落入结构性贫困的陷阱，这是新时期扶贫工作面临的新挑战。

就云南而言，除了上述问题外，新时期少数民族贫困地区的贫困特征还突出表现在贫困程度深、灾害频发、返贫人口不断增加、贫困人口分布区域相对集中等几个方面。

从贫困人口和贫困发生率变化的情况可以看出，云南少数民族贫困人口占全国贫困总人口的比重逐渐增大，民族地区贫困发生率也远远高于同期全国贫困发生率。新时期民族自治地方面临贫困面较大、贫困程度深的难题，使少数民族贫困问题成为我国扶贫开发工作的重点和难点。

综合来看，新时期云南的贫困人口主要分布在自然条件差、自身发展能力弱的山区和少数民族地区，分布相对集中且呈现连片的分布格局。

三　扶贫与脱贫的可持续性

精准扶贫不仅不能局限于对现有的绝对贫困人口的帮扶和脱贫，而且不能将精准扶贫的意义理解为只是为了完成阶段性的扶贫开发目标。扶贫开发工作的本质意义在于消除社会中的贫困问题。帮助农村现有的绝对贫困人口摆脱贫困，是消除农村贫困问题的第一步。要让农村告别贫困，迈入小康，还需要保障扶贫脱贫效果的可持续性。也就是说，在帮助农村贫困人口脱贫之后，还要尽可能防止部分贫困人口返贫以及新的贫困人口产生，同时还要为弱势群体继续提供帮扶和社会支持。因此，精准扶贫战略也应是可持续扶贫战略。可持续扶贫战略的基本原则和核心内容可概括为如下几个方面。

1. 扶贫机制的可持续性原则

所谓扶贫机制，是指由"谁是扶贫对象""由谁去扶贫""怎样去扶贫"组成的确定机制。保证扶贫机制的可持续性，并非建立一个固定不变的标准，或是增设一些常设机构，而是在社会治理体系中必须有相应的扶贫确定机制。任何时期、任何地区，均要有一套机制来确定哪些人是贫困人口、由哪些力量去帮扶他们以及如何帮助他们摆脱贫困。可持续扶贫机制将会弥补以往项目制扶贫的局限性，因为在扶贫项目的推进和实施过程中，虽然能对贫困地区的贫困者起到一定的帮扶和脱贫作用，但是，由于扶贫项目一般都是周期性的、选择性的，形成的扶贫效果具有阶段性和局部性，只有在项目期和项目地区，才能达到解决贫困问题的效果。

2. 可持续扶贫资源的保障制度

扶贫资源是扶贫开发工作的物质基础，同时也是预防和消除贫困的前提条件。要实现扶贫资源的可持续这一目标，必须在制度与政策安排上构建一套保障体系。在以往的片区扶贫开发体系中，采用贫困地区申请与评定的办法，被评定为"贫困地区"，就能享受到扶贫开发的支持和优待政策。如果没有被评定为"贫困地区"，往往难以得到扶贫资源，或得到很少的扶贫资源。这套行政评估体系虽能确立扶贫开发的大方向，但缺乏扶贫的精准性和可持续性，使一些农村的贫困户特别是那些特困户得不到集中、有效的帮扶和支持，使扶贫的实际效率大大降低。脱贫地区的扶贫措施停止后，出现部分贫困户在缺少扶贫优惠政策支持的情况下重新返贫的问题，有些贫困地区为了"留住"扶贫优惠政策，选择"谨慎的"发展策略。因此，要保障扶贫有实际效果和具有可持续性，就需要从制度层面安排，确保有可持续的扶贫资源。

3. 扶贫措施与行动的可持续性

目前，一些精准扶贫工作是以对口、驻村扶贫的方式进行的。这一扶贫策略虽明确了扶贫的责任单位和扶贫对象，但是，究竟采取什么样的扶贫措施和行动，在很大程度上取决于驻村扶贫工作者的能动性。驻村工作者能力越强，扶贫效果就会越好。对口扶贫单位派驻的扶贫工作者并非专门性、长期性的，所以扶贫措施和行动通常是阶段性的，不具有可持续的特点。要推进可持续的精准扶贫，就必须针对扶贫对象的特点和需求，确立能够持续下去的扶贫行动计划。也就是说，不论对口扶贫责任单位是谁、不论对口扶贫单位派谁去扶贫，都要按照计划有效地推进扶贫措施。

中国社会经济的发展已进入新时期，农村扶贫开发工作既要面对长期未解决的深层次矛盾和问题，又要面临诸多新任务和新挑战。"十三五"时期，农村扶贫进入"啃硬骨头""攻坚拔寨"的冲刺阶段，要破解扶贫开发中的难题，夺取农村脱贫攻坚战的胜利，就需要构建科学合理的农村扶贫新战略，通过精准、综合和可持续的扶贫战略的实施，调动更广泛的社会力量，采取更积极有效的扶贫行动，让农村绝对贫困人口实现真正脱贫，保障全面建成小康社会这一战略目标的实现。

第二节　精准与综合扶贫战略的内容

改革开放以来，我国的扶贫开发工作已取得了举世瞩目的成就。20 世纪上半叶，一位名叫托尼的外国社会学学者将中国农民的生存状态比喻为：站在齐脖子深的湍急的水流之中，只要涌来一股细浪，就会陷入灭顶之灾。费孝通等老一辈社会学家在对当时农村进行调查后，也总结出中国基层社会的根本问题就是农民的温饱问题。经过 20 世纪 80 年代的农村改革，农民的温饱问题得以快速、有效的解决。尽管目前农村贫困人口仍有 7000 万左右，但他们的温饱实际上已经有了基本的保障。

要实现新时期的农村扶贫战略目标，需要在已有的扶贫开发经验的基础上，构建扶贫开发新战略。基于新时期农村扶贫开发的基本性质和特点，农村扶贫开发新战略也具有三个基本特征：精准性、综合性和可持续性。精准扶贫战略就是把农村地区人均年纯收入低于 2300 元的农户列为明确的扶贫对象，并在 2020 年让这一部分的贫困人口实现脱贫。

一　精准扶贫战略包含三个基本要件

1. 精确的农村贫困"瞄准"机制

建立精确的贫困"瞄准"机制，就是在扶贫开发之前及扶贫过程中，精确地掌握扶贫对象及具体贫困状况的基本信息，同时又有即时的跟踪和反馈系统。

贫困的"瞄准"机制是推进精准扶贫的前提和基础，只有准确地把握农村贫困人口的出现原因，才能真正达到扶贫到户、扶贫到人的目的，才能准确把握扶贫的真正效果。建立和完善精准扶贫的"瞄准"机制，需要在对已有的贫困人口建档立卡的基础上，结合基层申报和基线调查，把农村贫困人口的基本信息建成可操控的扶贫开发 GIS 系统（地理信息系统）。通过这个系统，可以更加有效地把握农村贫困人口的状况、扶贫责任方、扶贫进展、面临问题、扶贫效果等信息。

2. 精细的扶贫脱贫计划

在明确需要扶贫的对象及其具体信息之后，就需要针对贫困对象的特征和致贫原因，制订出详细、可行的扶贫方案或计划。

具体的扶贫方案需要落实扶贫责任者、必要的扶贫资源、扶贫资源的供给者、扶贫脱贫的措施和阶段等。此外，精细的扶贫脱贫计划还要精确到贫困户，即针对每一个农村贫困户都有具体的扶贫脱贫方案，方案的内容在扶贫开发 GIS 系统中可以追踪到。

3. 有效的扶贫脱贫行动

精准的扶贫战略需要有效的扶贫脱贫行动作为支撑。与以往的片区扶贫开发战略不同，精准扶贫的基本目标就是要消除现有的 7000 万左右的农村绝对贫困人口，也就是要让这些贫困人口的生活得以改善，年收入高于 2300 元。要在 2020 年之前实现这个目标，就必须有具体的、切实有效的扶贫脱贫行动，也就是要针对那些已建档立卡的贫困人口，实施对应的具体帮扶、支持、救助和保障行动，让这部分农村贫困人口确实能在限定的期限内摆脱贫困的生活状态。

精准扶贫不等于驻村或驻户扶贫。将精准扶贫视为驻村扶贫或驻户扶贫，其实是一种认识的误区。在目前的一些驻村扶贫的实践中，一些扶贫方式确实能达到理想的精准扶贫效果，但扶贫效果往往取决于派出单位和驻村人员能够利用的资源，由于某些驻村扶贫人员难以协调和调动必要的扶贫资源，一些驻村扶贫也会流于形式。所以要使精准扶贫的行动达到实际效果，需要有科学合理的扶贫资源的协调和调用机制，让扶贫行动的实施者能有效调动扶贫资源。

农村贫困问题属于复杂的社会问题，解决这一问题的扶贫战略与策略需要避免单一性、专项性，应具有综合性。综合性扶贫战略在一定意义上是相对于以往通行的项目制扶贫策略而言的。一些扶贫项目或专项扶贫措施虽取得了一定成效，但也存在较大的局限性，最为突出的两个问题是：一是大量的扶贫资源耗损在项目的推进与实施过程之中，大大降低了扶贫的效率；二是扶贫项目有着明显的选择性，大大限制了扶贫对象的范围。

在扶贫开发攻坚的新时期，需要出台颇具创新性的扶贫开发政策措施，而不是仍局限于项目扶贫的老办法。精准地让农村绝对贫困人口脱贫，对构建综合扶贫新战略有重大意义。

二　构建综合扶贫战略关键需要建立和完善三种机制

1. 将政府、市场、社会和社区的扶贫力量综合起来的机制

扶贫开发工作虽然要以政府为主导，但并不意味着依靠政府的力量来解决所有的贫困问题。政府的主导作用要体现在通过建立一种扶贫综合机制和平台，将政府、市场、社会乃至社区的扶贫资源有效地结合起来，将中央政府的政策措施与地方政府的政策措施有效地结合起来，将外部支援力量与农村社区内部的力量有效地结合起来，形成扶贫脱贫的合力，这样的综合机制将会大大提高扶贫开发的力度，改善扶贫脱贫的实际效果。

2. 将经济、政治、社会与文化的扶贫措施综合起来的机制

农村贫困是复杂的社会问题，因此解决这一问题不能依靠

单一性的措施和办法，农村扶贫脱贫工作需要坚持综合性原则，将各种不同的扶贫措施综合起来，因地制宜、因户制宜，采取灵活多变且又符合农村贫困人口实际需要的扶贫脱贫措施。农村扶贫脱贫工作并不存在理想主义的模式和方法，需要在扶贫实践中综合多方面因素，有针对性地采取符合实际情况的措施。例如，一些生活在偏僻山区的贫困人口，理论上，整体迁移是理想的扶贫脱贫途径。但在实践中，有些少数民族的农民因受其文化传统的影响并不一定乐意整体搬迁。因此扶贫脱贫工作的推进还需要尊重当地文化传统，考虑多方面的因素，推进综合性扶贫。

3. 扶贫与发展的综合机制

贫困问题产生的根源在于发展，区域贫困问题是区域发展存在的问题，个体贫困则是个体发展过程中存在的问题。因此，解决贫困问题，让贫困人口脱贫致富，必须解决与发展相关的问题。扶贫开发工作本质上就包含两个方面：一方面要扶贫帮贫，协助贫困人口摆脱贫困；另一方面开启发展之路，在发展的过程中预防和解决贫困这一社会问题。综合的扶贫战略需要把扶贫工作与促进发展有机地统一起来，巧妙地结合起来：针对区域不均衡发展诱发的贫困问题，需要将扶贫脱贫政策与均衡发展政策结合起来；针对发展的结构性不平衡导致的结构性贫困问题，需要把扶贫与促进落后地区发展及优惠扶持政策结合起来；针对发展过程中的个体差异贫困，将扶贫工作与社会保障体制完善等和谐社会的建设结合起来。

精准扶贫与综合性扶贫是相互统一的。综合性扶贫并非指笼统的、庞杂的扶贫措施，而是要求建立能够把多种力量、多种资源、多个主体、多种措施以及多种目的综合起来的有效扶贫机制。其根本目的仍在于能够更加有效地、更加精准地解决农村贫困问题，让农村贫困人口真正实现脱贫奔小康。同样，精准扶贫并非指单一的扶贫措施，而是指要达到切切实实地解决每一个农村贫困户的实际困难这一目标。帮助和扶持每一个农村贫困户真正摆脱贫困，简单的扶贫办法和机制是难以奏效的，必须构建新的、综合的扶贫机制。

三　理解精准扶贫战略应着眼于三个层面

十八大以来，我国逐步形成了精准扶贫战略这一科学的理论体系，习总书记进一步提出了"扶持对象精准、项目安排精准、资金使用精准、措施到户精准、因村派人（第一书记）精准、脱贫成效精准"六个精准的扶贫要求。精准扶贫战略是基于我国基本国情、现阶段贫困问题、社会经济发展特点和中国特色扶贫体系的特征提出的，其核心要义是集中我们的注意力和各种资源，正视贫困问题，聚焦贫困地区和贫困对象，改善和提高扶贫工作的效益和质量，顺利实现到 2020 年全面建成小康社会的目标。全面理解精准扶贫战略的深意，应同时着眼于宏观、中观和微观三个层面。

1. 宏观层面：认识精准、重心精准

宏观层面上，精准扶贫战略的核心是贫困地区各级领导的

思想认识、工作重心和注意力要"精准"，聚焦在扶贫工作和贫困人口上。过去一个阶段，一些地区（包括贫困地区）在开展相关工作时，主观上存在"只要宏观经济发展好了，贫困问题自然就得到解决了"的错误认识，客观上存在"忽视农业、忘记农民、淡漠农村"的错误认识。尽管扶贫工作在各地不断开展，但是资金投入、组织保障和工作重心等方面都没有得到应有的强化。

习总书记提出两个"重中之重"，指出"'三农'工作是重中之重，革命老区、民族地区、边疆地区、贫困地区在'三农'工作中要把扶贫开发作为重中之重，这样才有重点"。以两个"重中之重"思想为指导，贫困问题突出地区的党政主要负责同志理应当好扶贫开发的第一责任人。

精准扶贫战略要求，贫困地区要把提高扶贫对象生活水平作为衡量政绩的主要考核指标。引导贫困地区党政领导班子和干部把工作重点放在扶贫开发上，要强化贫困地区各级特别是县级扶贫开发领导小组的综合协调职能。"十三五"期间，党政主要领导应担任扶贫开发领导小组的负责人。此外，扶贫开发领导小组应是跨部门和主流化的核心枢纽，能够整合各方面资源。在这一框架下，省、市两级的工作重点是做好扶贫工作的宏观统筹，做到决不让一个地区掉队；县、乡两级的工作重点是做好扶贫和民政、人保、教育等部门的制度政策的衔接，对贫困人口进行全面排查，保证"一个都不能少，一户都不能落"。

2. 中观层面：措施精准、管理精准

中观层面上，精准扶贫战略的重点之一是做好扶贫项目设计、创新扶贫方式方法，提高扶贫项目的针对性、适应性，帮扶措施要精准。我国目前大部分的贫困地区都存在着自然条件恶劣、社会服务和基础设施短缺的情况，在农业生产的资源环境和市场风险的双重约束下，普通农产品的利润空间缩小、优质农产品的经营难度加大，产业化扶贫的项目识别难度和运行风险都很高。农村劳动力的外出造成了很多发展项目无法得到落实，一些贫困村的干部因自身能力较弱，无力开展项目实施方案。即使一些扶贫项目得到了实施，也因劳动力在项目实施完成后又外出务工，导致这些项目缺少后续的管理和维护，造成了扶贫行为的短期性和扶贫资源的浪费。而且，农村青壮年人口的外出，也给公平公正地分配扶贫资源造成很多问题，一些贫困农村地区，村里组织召开村民大会或村民代表大会都比较困难，即使是通过民主程序来识别贫困户和分配扶贫资源，也很难得到落实。这就需要在把扶贫资源这块蛋糕做大的同时，增加蛋糕的种类，使不同种类的项目能够对应不同的贫困地区和群体。

中观层面上，精准扶贫战略的另一重点是做好贫困村庄的组织建设和帮助支持工作，这要求做到因村派人和管理精准。扶贫到户工作对完善基层治理体系具有很高的要求，从目前的政策实践来看，乡、村两级是很多到户项目实施的关键，其不仅要开展精准识别贫困户的工作，还承担着设计扶贫项目和监

督扶贫资金使用的任务。尽管很多乡镇实行了干部包村制（担任第一书记），但因乡、村两级往往面临非常复杂的农村社会环境，这就对乡、村两级工作人员的素质提出了很高的要求，需要在包村干部办事能力和工作积极性的提升方面进行系统的制度设计。

3. 微观层面：识别精准、帮扶精准

微观层面上，精准扶贫战略的重点之一是对贫困人口的精准识别。由于贫困村庄的经济总体发展水平不高，贫困（线）标准设定也不高，精准识别贫困人口的过程应被视为识别村情的过程。目前贫困村应该包括四种人群：具有发展潜力的贫困群体；缺少发展能力的特殊贫困群体；收入略高于贫困线或刚刚脱贫的群体；非贫困群体。从精准扶贫角度来讲，目前开发式扶贫的主要对象是第一类群体。对于第二类群体，要重点做好扶贫与社会救助政策的衔接工作，发挥低保等社会救助制度的托底作用。第三类群体实际上也属于脆弱人群，在风险和灾害面前容易返贫，因此要协调好信贷、保险等方面的政策支持。对于第四类群体，要充分利用新型城镇化的发展机遇和国民经济中高速发展的条件，激发他们"能人"的带动效应，使他们既为村庄减贫创造有利的宏观环境，巩固和扩大扶贫工作成效，又使其走上快速发展的良性循环的轨道。

微观层面上，精准扶贫战略的另一个重点是向精准扶贫识别出的贫困人口提供量体裁衣式的菜单式扶贫，即精准帮扶。即使在一个村庄内部，不同贫困人口的致贫原因往往也是不同

的，因此在实践中要做到精准帮扶，需要以"户"为项目单元，开展一对一的帮扶活动。

四　乡镇精准扶贫问题与反思

脱贫是个世界性难题，大家都在摸着石头过河，政府在制定政策和实施精准扶贫的过程中，还是出现了很多有共性的问题。换个角度认真思考，能更好地发现问题，校正目标。

1. 揠苗助长、欲速则不达

云南很多地方政府在制定精准扶贫的专项贷款、环境治理、产业发展等输血造血的措施方面，出发点是好的，但未必能达到预期的目的，原因是政府的初衷和农户的打算难以"情投意合"。政府让农户建房，农户非但不积极而且嫌山区条件艰苦，不愿回到山区居住；政府想发展养殖业，农户不愿意，因为市场经济萧条有投入亏本的前车之鉴；政府想搞种植业，农户没有技术也缺劳动力；政府要异地搬迁，由于政策资金投入不足、条件不成熟无法实施。政府有美好的愿望，农户有难言之隐。许多扶贫政策的实施，看似"天上掉下个大元宝"，农户却没有能力把它捡起来。"扶上马送一程"的帮扶措施成了农民难以完成的考题。

"挂包帮""驻村工作队"，本来是政府扶贫的措施，由于缺少具体的实施方案和路径，实际执行的效果不太令人满意。最后往往是"挂包帮"责任人给贫困人口几百元钱草草了事，"驻村工作队"大多也是流于形式，驻村后往往无所事事或是找各种理由回城（责任单位派驻年轻人驻村锻炼，年轻人不了解农村农民的生活，没有农村工作经验又缺少社会资源）。给村民留下了政府和"挂包帮"责任人工作落不到实处，没有其他有效的扶贫措施，只给金钱补贴的印象。扶贫的特惠政策也在一定程度上助长了一些村民好逸恶劳的依赖心理，他们躺在救助的温床上不思进取，却又因贫困户的特殊身份获得扶贫补贴，使一些处于贫困边缘但没能得到救助的农户心理失衡，为了讨个说法，这些人到处上访，使新的社会矛盾进一步激化。

反思这些现象，原因是执政者人为地拔高了农民的自身素质，忽视了农民内因的决定因素和其所处地理位置的客观局限性。揠苗助长，欲速则不达。

实际上云南很多山地农村和少数民族，由于传统意识和后天学习能力等问题，政府和"挂包帮"责任人无法对其进行永久性的扶贫。老子曰："我无为，而民自化；我好静，而民自正；我无事，而民自富；我无欲，而民自朴。"政府大包大揽、一厢情愿地按自己的主观意志为农民设计发展蓝图，甚至追求整齐划一、一步到位，反而捆绑了农民的手脚、限制了农民主观能动性的发挥。营造良好的外部发展环境，让农民们自己"量体裁衣"、充分发挥自己的长处，才能在发展的路上走得更远更快。

2. 繁文缛节，形式主义泛滥

政府精准扶贫过于理想化，造成实际工作中的扶贫设计不符合实际情况。政府的大量的表册（每户涉及表册几十种）发到基层，想要把涉及扶贫的信息都搜集齐全，但由于农户的素质和意识的问题，加上政府工作过程中找不到重点，工作精力平均分配，导致重要信息因精力投入不足而被平庸化。

很多地方在执行精准扶贫的过程中具体落实不到位，精准扶贫的信息采集、任务分配常流于形式。虽然要求每个信息都必须进村入户进行采集，但实际情况是工作人员坐在办公室里加班加点编造信息采集的结果。这种上级发命令，下级闭门造车、缺乏深入实际的"纸"上扶贫现象仍然存在。

3. 朝令夕改、无所适从

当然，精准扶贫还处在探索和试点的阶段，管理部门缺乏经验，处理具体问题思路不清、举棋不定。这也是目前普遍存在的问题。

4. 准备不充分，豢养违规

政府在为贫困户建档立卡时，只设立了人均纯收入这一条准入门槛，除此之外没有其他的约束措施；动态管理时提倡民主评议，农户虚报乱报，导致收集不到真实的信息。因为测算人均纯收入，农民不可能把一些自己的隐性收入和盘托出。银行存款等是个人隐私，政府没有权力到银行查询。还有就是一些地方势力为评上贫困户反复缠访，部分基层干部也因种种原因对这种行为进行放任。基层管理者多是邻里街坊，在评议贫困户之前，加之缺乏明确的政策导向和严明的制度约束，对评议的事项态度模糊、三缄其口。等评议有了结果，具体措施落实了，矛盾出现了，有些基层管理者又像小孩变脸，理由是贫困户评判不准，给出的措施和优惠要收回。

没有规矩，难成方圆。精准扶贫实施过程中有关部门往往调查研究不深入、事前准备不充分、具体措施不明确，在矛盾出现之后，再定新规，造成实践过程中出现盲动主义和"豢养违规"的现象。

第二章　云南山地农村致贫原因探究

党的十八大以来，以习近平同志为总书记的党中央高瞻远瞩、深谋远虑，将扶贫开发工作作为关乎党和国家的政治方向、根本制度和发展道路的大事，作为"四个全面"战略布局的重要工作，提升到治国理政的新高度。提出了"精准扶贫，精准脱贫"的新时期扶贫工作指导思想，吹响了扶贫攻坚战的冲锋号。

"十三五"时期，破解扶贫开发中的难题，夺取农村脱贫攻坚战的胜利，需要构建科学合理的农村扶贫新战略，通过实施精准、综合和可持续的扶贫战略，调动更广泛的社会力量、采取更积极有效的扶贫行动，让农村绝对贫困人口实现真正地脱贫，保障全面建成小康社会这一战略目标的实现。

贫困是世界难题，云南是集边疆、民族、山区、贫困于一体的省份，贫困人口的数量居中国第二位，片区县和重点县的数量居中国第一位，是中国扶贫攻坚的主战场之一。按照农民年人均纯收入2300元这一绝对贫困线来推算，云南还有贫困人口574万人、片区县91个、重点县73个，仍然是全国贫困面积最大、贫困人口最多、贫困程度最深的省份之一。2020年，要基本解决云南574万贫困人口的问题，走向共同富裕，意味着农村扶贫开发工作将进入攻坚期，要打赢这场"攻坚战"，必须构建科学合理的扶贫攻坚战略。

第一节　云南山地农村贫困的客观原因

要构建科学合理的扶贫攻坚战略，首先需要正确地认识和准确地把握当前云南山地农村贫困问题的本质。从理论的高度把握贫困这一社会问题的本质，有助于我们切中问题的要害，找到更加合理、更加有效的扶贫政策和措施。

正确认识农村贫困问题，需要认识这一社会问题的复杂多样性。农村贫困问题的复杂多样性从贫困的形成原因或形成机制上来说，其主要表现为以下几个方面。

一　恶劣的自然环境客观上导致了农村贫困的发生

一般来说，长期处于贫困状态、无法脱贫的地区都有一个共同点，那就是自然条件非常恶劣。一些偏僻山区，可利用资源贫乏，与外界的联系十分困难。

云南山区的地貌特征是多山地、丘陵，且山高坡陡。"上山云里钻，下山到河边。对山喊得应，走路要一天"，这首民谣形象地描述了云南山区的地貌形态。自然资源相较于平原地区具有分散性、石漠化严重的特点，土地限制因素较多，如坡度大、土层薄、缺水、土质差等，人口承载力极低。据估计，山区人口承载力只及平原地区的1/100～1/10。据统计，在云南的耕地面积中，山区耕地占67%，坡度为25度以上的坡耕地占16.2%，缺磷的土地占53.6%、缺钾的土地占38.6%、缺有机质的土地占19.6%、缺氧的土地占18.2%，土壤耕层浅薄的土地占38.6%，土质黏重、板结的土地占22.4%，干旱缺水的土地占44.6%。以高山峡谷为特征的怒江州，陡坡耕地占耕地总面积70%以上。全省的高产、稳产田仅占13.5%，中低产田地占86.5%。生活在这些地方的农民，只能依靠当地有限的自然资源从事农业生产，劳动成果受气候等自然条件的影响较大。同时，这些地区往往生态环境脆弱，灾害多发，农业产量难以稳定，生产和生活抵抗外来冲击的能力很小。生活在这种自然条件里，人们容易陷入贫困。这种先天的地理条件往往也难以获得有效的社会支持、吸引投资，改变命运的机会非常少。因此，山区资源，尤其是土地资源的合理利用和保护，是制约云南省可持续发展的关键。

二　农业基础设施供给水平低及产业结构不合理

交通建设是缩短县域与大中城市空间距离的根本途径，是实现县域经济赶超，取得进一步发展的前提和基础。云南地形复杂，公路等级低、路网密度小，加之沟壑纵横、山高坡陡，县级财力又十分匮乏，突破交通建设的瓶颈异常艰难。这些年，虽然国家加大了对贫困地区基础设施建设的投入，云南山区贫困农户生活环境中的基础设施建设有所改善，但仍相对落后。山区自然村落往往远离公共服务机构，获得公共服务相对较难，大多数自然村落距离县城或乡镇的距离较远，交通基础设施建设差。这不仅影响了贫困地区人们生活水平的提高，而且严重制约了当地的脱贫发展。

从产业结构方面看，种植业是山地居民生活的基本来源，广大云南山地农村仍然以个体经济为主。此外，云南山地农村人口居住分散，难以形成居住规模。农产品的生产难以适应市场变化，农产品的生产信息滞后，农业科技水平低、落后于社会发展，再加上劳动力向城市流动造成人力不足等，都是造成云南山地农村长期贫困的主要原因。

三　受传统文化的影响

很多贫困地区仍然存在非常严重的小农意识，思想保守、观念落后。在传统习惯的影响下，云南很多地方的农民仍然坚持一门一户闭目塞耳式的生产、生活格局，人与人之间的联系仍主要以情感为纽带；建立在理性基础上的合作相对较少，缺乏竞争意识；人们利用血缘和亲缘关系建立起来的社会网络延伸半径小，通婚圈狭小，人们的活动范围因此受到很大限制。此外，这种圈子阻隔了贫困地区与外界社会的有效联系，弱化甚至阻断了外界社会先进的文化和技术对贫困农村冲击的势头，更加强了贫困地区的社会贫困性和贫困落后的现实状态。

四 生态环境相关的贫困

云南位于云贵高原西部，是长江、珠江、澜沧江和怒江等六大江河水系的源头和上游，是全国水土流失严重的省份之一。水土流失已经成为制约社会经济发展的重要因素。同时，云南全省荒漠化面积大、分布广、沙化速度快，也是石漠化分布集中的地区。生态环境问题是导致云南山地农村贫困的主要问题之一。另外，国家对江河上游环境保护的力度加大，一些农村地区推进了退耕还林、退牧还草以及生态环境保护区建设等政策。这些政策在短期内会让一部分农牧户的农业生产规模降低，收入减少，相应的补偿措施却不足以改变生产和生活的困境，由此也导致了一部分农村贫困人口的产生。

第二节 云南山地农村贫困的主观原因

一 教育问题导致的贫困

云南的许多偏远山区由于地理、交通的限制，与外界社会疏远，物质的缺乏固然是不可否认的现实，但精神和文化的苍白才是造成物质贫困的深层次原因。近几十年，在我们专注经济建设的时候，以往可以安顿身心的乡土农村，正日益变成一种突出消费的物化社会。农村的年轻人外流，造成乡村的凋敝。固有的文化在销蚀，农村人容易接受的新的文化又被外来文化异化，面对新的变革，没有文化又不愿继续学习的农村人无所适从。作家贾平凹在其长篇小说《秦腔》的后记中写下了对家乡衰落的困惑，"农村在解决了农民吃饭问题后，国家的注意力转移到了城市，农村又怎么办呢？农民不仅仅是吃饱肚子"。时下，云南农村一些地方不同程度地存在"精神荒芜"的现象，表现在四个方面：一是"娱乐荒芜"，农民文化生活相对比较单一，主要的娱乐活动基本就是打牌、喝酒；二是"亲情荒芜"，由于长期外出务工，产生很多留守老人及儿童，亲友间的情谊逐渐被金钱取代；三是"道德荒芜"，有的不孝敬父母、不赡养父母，有的兄弟之间为争遗产大打出手，有的婚外情泛滥；四是"思想荒芜"，有些地方不信科学信鬼神，大搞封建迷信活动，互相攀比的风气日益严重。

此外教育制度不尽合理。教育投入有限，导致农村地区教育成果不明显，云南贫困地区的教育工作由于受到历史的、自然的、经济的多种因素的制约，面临着许多困难和问题，尤其是中小学生的入学率、巩固率低，办学规模呈滑坡趋势。这不仅表现为文盲、半文盲的比例较大，而且表现在文化水平和科技水平低下、思想观念落后等方面。

联合国教科文组织统计，20世纪80年代末，具有小学文化程度的农民可使劳动生产率提高43%，具有中学文化程度的农民可使劳动生产率提高108%，具有大学文化程度的农民可使劳动生产率提高300%，可见教育和收入及劳动生产率呈正相关关系。劳动者素质如此重要，但我国贫困农户平均受教育年限为7

年，现状不容乐观。在经济高速发展和知识日新月异的信息时代，低素质劳动力既难以接受先进的现代农业技术，也难以适应非农产业的要求。对于农民工来说，他们既不懂某些行业的技术要求，也无法快速学习和应用新技术，无法适应新的经营管理理念。农民自身素质无法满足城市的需要，只能从事最辛苦且报酬很低的工作，生活质量差，家庭收入增加无望，摆脱贫困遥遥无期。可见，教育问题不解决，不从根本上提高贫困地区农民的整体素质，一个地区的脱贫将会很难实现。

二 政策导致的贫困

1. 农村社会保障制度的缺失导致贫困极易发生

在所有保障制度中，农村医疗卫生保障制度的缺乏和不完善成为贫困产生的主要诱因。中国的二元经济体制决定了国家在制定政策时，不可能对城市、农村一视同仁，这就造成城市与农村在居民医疗投资、国家政策方面存在巨大差异。如果集中分析众多贫困农民无钱看病的原因，那么不难发现其贫困根源之一在于疾病，这种因病致贫、因病返贫的现象在贫困地区屡见不鲜。

2. 地域政策差异导致农村贫困

以东西部经济发展为例，东部经济高速发展，西部经济发展缓慢，远远落后于东部，西部地区贫困人口众多，贫困程度尤为严重。在西部大开发之前，经济政策一直都向东部及沿海地区倾斜。这种方式给东部及沿海地区提供了引进外资、进出口配额等方面的优惠政策。在金融信贷政策上，向东部及沿海地区倾斜，既限制了西部地区的本地融资，一定程度上也导致了本地资金外流，进一步影响了西部的脱贫和发展。另外，国家更注重东部地区的基建投资，把很多基础建设投资分配到了东部地区。还有，我国一直以来的"剪刀差"（剪刀差是指工农业产品进行交换时，工业品价格高于价值，农产品价格低于价值所出现的差额）现象造成了东西部经济差距愈来愈大。西部以生产原材料、农产品为主，在现行的价格体系下，原材料、农产品价格较低，东部地区生产的产品价格较高。西部地区想脱贫，就要输出更多的原料和产品，用获得的收入购买生产生活的必需品，这种循环持续的时间越久，经济差距就越大，当地农民就越容易陷入贫困。

三　与不均衡发展相关的相对贫困

生态环境的变化能导致贫困人口的产生，社会经济环境的变迁也会导致贫困人口的产生。在社会经济快速转型与发展的过程中，发展机会在区域、社会群体之间的配置难免存在不均衡的现象。云南因为地理环境、交通、教育等因素的制约，获得发展的机会比其他地区少，陷入欠发展的贫困境地。发展机会配置的不均衡是贫困问题的主要形成机制，在社会经济发展水平不断提高的过程中，不同区域、不同群体、不同阶层的人的发展机会也需要得到相对均衡的增长，这样才能避免与发展不均衡相关的贫困问题的产生。

四　社会经济结构性贫困

云南贫困人口和贫困问题主要集中在山地农村地区，这与社会经济结构性因素的影响有密切关系。所谓结构性因素，指的是与社会结构和经济结构相关联的因素，结构性贫困在一定意义上是由社会经济结构性要素决定的。在市场化、城镇化、现代化的大背景下，以传统农业生产为主的农户，难以获得理想的市场机会、分享城镇发展的成果。一旦农业面临自然和市场的冲击，他们就容易陷入贫困境地。因此，农村结构性贫困的形成机制就是传统小农生产在市场经济中的劣势地位和脆弱性。

五　特殊个体性贫困

云南山地农村除了片区的、局部的结构性贫困问题，还有偶发的特殊个体性贫困问题。在任何社会系统中，都会存在个体性差异的问题，有些个体因为各种特殊情况，生活陷入贫困的状态，如家庭缺乏劳动力、疾病、突遭变故等。特殊贫困问题不仅在农村地区存在，城镇也存在。特殊贫困的形成机制是由各种偶发的、特殊的困难造成的。

认识和理解农村贫困问题的复杂多样性及其主要表现，有利于为探寻有效的扶贫战略与策略提供一种逻辑框架，使扶贫政策和措施的制定更有针对性、更加精确。

第三章　改善云南山地农村人居环境

第一节　新时期山地农村规划研究

社会责任感让我们重视和关注乡村规划和设计，保护乡村独有的风貌格局，避免乡村同很多城市一般日渐趋同化，避免规划的新农村就是一个个别墅区的翻版，或是一个个兵营式的多层小区。对于云南这样一个山地省份，村庄规划更应该尊重当地村落的自然环境和老百姓的智慧，在这个基础上融入现代技术与空间设计，体现山地农村独有的魅力，展现山地农村独有的大地景观艺术。

云南省自然条件复杂，是一个低纬度的高原山区省份，西部为横断山脉高山峡谷区，东部为云贵高原，南部为中低山宽谷盆地区。全省以山原地形为主，山地、高原占全省总面积的94%。全省地势西北高、东南低，自北向南呈阶梯状逐级下降。全省平均海拔2000米左右，但各地海拔高度相差很大，最高点（滇西北的太子雪山主峰卡格博峰，海拔6740米）与最低点（滇东南国境线上的河口县，海拔76.4米）仅相距

850 公里，高差却达 6663.6 米。山地高原间分布着众多的山间盆地和河谷地，山区、半山区占全省总面积的 94%，坝子（盆地、河谷）仅占 6%，其中，面积在 1 平方公里以上的坝子有 1557 个，总面积为 2.51 万平方公里，面积在 10 平方公里以上的坝子有 375 个，总面积为 2.2 万平方公里。

从城镇的数量看，建制镇和建制市分别仅占全国总数的 2.89% 和 2.96%。从城镇规模看，大部分州、市政府所在地城市的常住人口仅为 10 万至 30 万人，县城大多为 2 万至 5 万人，建制镇的人口大多为 1 万人以下，城镇规模小、综合实力低、辐射带动能力弱。从城镇化质量看，发展过程中"重地上轻地下""重硬件轻软件""重短期轻长期"等问题突出，城市功能不完善、不协调，城市管理水平相对滞后。

2012 年，全省城市发展到 19 个（包括 1 个特大城市、1 个大城市、7 个中等城市、10 个小城市）、建制镇发展到 583 个（包括 118 个城关镇），城镇建成区面积达 1458 平方公里，城镇人口达到 1831.5 万人，城镇化率达 39.3%，基本形成以昆明特大城市为依托，以玉溪、曲靖、大理、红河区域中心城市，州（市）政府所在地和设市的城市、县城、中心集镇、边境口岸城镇为基础的城镇化发展格局。城镇功能逐步完善，城镇面貌有了很大改变，人居环境、发展环境有了很大改善。

围绕"两强（绿色经济强省、民族文化强省）一堡（面向西南的桥头堡）"建设，按照"做强大城市、做大区域中心城市、做优州市政府所在地城市、做精县城、做活边境口岸城

镇、做特小城镇、做美乡村"和"守住红线、统筹城乡、城
镇上山、农民进城"的总体要求,突出以建设山地城镇为特
色、以发展中小城镇为亮点、以片区式发展为方式、以推进城
乡一体化为目标,在"建得起、建得好、建得美、建出特色"
上下功夫,努力走出一条有云南特色的城镇化道路。从社会发
展的角度来说,乡村是社会发展的重要组成,成功的村庄规划
不仅能为当地村民带来生活条件的改善,还能在一定程度上为
村庄带来经济效益。从 2005 年开始就有规划方面的学者关注
新农村建设带来的问题,多年过去了,村庄规划的地位已有所
提高,但是很多问题仍没能得到重视。

一　留住乡愁记忆

随着国家对农村精准扶贫工作的进一步深入,新农村建设
正逐步展开,但大量各具特色的村落正在消失,许多传统乡村
文化逐渐流失。专家、学者、机构对于新农村建设的规划和设
计研究严重滞后,结合地域和人文特点,解决人、畜粪便问
题、提高乡村空间品质、引导生活方式、树立乡村特色,是当
务之急。各级政府缺少解决思路,粗暴拆建,规划设计部门只
是简单地用城市的惯性思维套编村庄设计,使村庄规划出现二
维化、批量化、盲目复制城市规划和特色丧失等问题。设计师
和规划师不了解农村实际,特别是对农村的生活不了解,对于
乡村规划设计仅停留在简单的文化符号的拼贴和"穿衣戴帽"
上,规划设计的方案连满足农村基本生活的需要这一最低要求

都达不到。

"让居民望得见山、看得见水、记得住乡愁",这是以人为核心的新型城镇化的要求。这个要求也戳中了一些地方城镇化和新农村建设中的软肋。尤其是一些乡村在变为城镇的过程中,虽然面貌焕然一新,但很多曾经让人留恋的文化和传统的生活方式也随之消失了。在精准扶贫政策的压力下,快速的、大规模的城镇化和新农村建设变成各级政府的主要政务,大量的原始自然村落被粗暴规划,"乡愁"变成"乡痛",农村的传统建筑和生活方式正在经历着不可逆转的浩劫,要留住、呵护并活化乡村记忆,是当下专家、学者研究的主要问题。

乡村记忆是乡愁的载体。乡村记忆一方面是物质文化与风貌景观,如日常生活物品、公共活动场所、传统民居建筑等物质的"记忆场所";另一方面是非物质文化记忆,如村规民约、传统习俗、传统技艺以及具有地方特色的生产生活方式等。实际上,乡村物质文化记忆与非物质文化记忆常常相互融合渗透,构成一个有机的整体。这些乡村记忆是人们认知家园空间、乡土历史与传统礼仪的主要载体。在城镇化过程中,只有留住这些乡村记忆,才能留住乡愁,这是对人的情感的尊重。至于哪些乡村记忆真正值得保留,一方面可以借助一些科学的评价体系进行合理评估,另一方面应该广泛听取民意,然后进行综合甄选。在新型城镇化建设的过程中,需要做好这方面的前期规划。留住乡愁,保护传统村落这一"活态文化"已刻不容缓。

如果仅仅留住乡村记忆但缺少系统的维护,那么乡村记忆也会逐渐失去原有的魅力。维护乡村记忆，使其永葆"温度"，就要有系统的设计。围绕非物质的地方特色生活方式，有针对性地对相关记忆场所做好日常维护工作，为传统生活方式和传统技艺传承创造条件，保持乡村传统活动的原有品质。例如，对一些乡土景观、农业遗产、传统生产系统等有意识地进行维护。对于乡村中的集体记忆场所，如村落的祠堂、乡村的入口、议事亭、祭祀场所等进行强化、维护。不能因为城镇化就让其全部消亡，应对这些承载着人的情感和记忆的场所进行定期维修。这样做的目的就是既要让当地居民生产生活更为方便，又要让游子在故乡找到依恋感与归属感。

近年来，云南省很多县、乡在搞新农村建设示范。房还是原来的房，就是按要求统一实行了"穿衣戴帽"，即在平顶之上再加盖一层没有多少实际用处的瓦皮尖顶，外墙刷上一层乳白色涂料，或者是在墙壁上画一些莫名其妙的画。这一做法在云南广大农村非常不可取。新农村建设需要政府投入的地方很多，有限的资金要用在刀刃上，首先要考虑的是将资金用在最需要的地方，解决农村最迫切的问题，如水、电、路等基础设施的建设，学校、医院、文化活动场所等公共服务体系的完善等，而不是忙着给现有的农房搞并无实际意义的"穿衣戴帽"工程。特别重要的是，统一的"穿衣戴帽"工程是有违农民意愿的。为迅速推动这项工作，不少当地政府不仅统一安排了施工，而且指定了用材、价格、期限等。有农民反映，政府的定价比市场价高出了近20%，施工过程中部分农房已出现了因偷工减料带来的脱漆、雨水渗漏等问题，还会给腐败分子带来可乘之机。很多所谓的示范户（村）其实仅有一个华丽的外表，室内生活设施依旧简陋不堪，用水、饮食也谈不上安全、卫生。这种只图"面子"、不讲"里子"的做法，一方面反映出基层政府管理人员品位低、办法少，另一方面也反映出地方政府在农村扶贫建设上追求表面"政绩"和"简单粗暴"的工作作风。

总之，只是简单地保留所谓文化"穿衣戴帽"，是留不住乡愁的。如果说"穿衣戴帽"和呵护乡村记忆元素，是一种被动型的留住乡愁的话，那么，结合现代人的生活方式，活化乡村记忆则是一种积极型的留住乡愁。活化乡村记忆，就是在新型城镇化进程中深度挖掘乡村记忆与乡村传统产业，进行精细化、产业化升级，将"文"、"人"、"居"、"产"与"社区管理"融合在一起，使原来的乡村记忆在新型城镇化进程中真正活起来，形成社区人日常生活的自觉，充满生机活力。乡村记忆的整体活化，需要相应的公共设施、社区治理模式与之配套，需要发展教育、医疗、商业、娱乐休闲产业等，使乡村记忆在新的时空条件下具有新的内涵、产生新的凝聚力。

留住乡村记忆、呵护乡村记忆、活化乡村记忆，将乡村从物质空间到生活行为均进行重组，最大限度地消除城乡变迁中物质空间的变化与人的文化情感之间的冲突，最大限度地避免父老乡亲虽然搬进了新楼房，但是因环境的改变未能留住传统邻里关系和生活方式造成的情感伤痛，既实现物质空间的现代化，又让人的情感得以安放，使乡村空间具有高度的人文品质和良好的生态环境。

二 山地村庄规划存在的问题

1. 村庄规划二维化

曾有人将云南省的地理条件总结为"九分山一分水和田",云南省大量的土地是山地,省内的村庄很大一部分分布于山地。因此云南的村庄规划需要充分考虑地形地貌因素,依山就势进行规划设计。但是现实是,大量的设计规划部门在进行设计规划时,一方面是现行的设计收费不符合农村设计建设的实际,农村和基层政府无力支付巨额的测量、设计费用,导致设计团队工作不尽责,甚至在没有提前设计和规划的情况下,仅凭包工头的经验就把房子盖了。另一方面,由于村庄分散、交通不便、房屋体量小且多数是低层建筑,设计人员大多在没有现场测量数据的情况下,简单地套用图例,将实际情况处理成场地平整后的二维平面进行规划,规划的结果与实际情况相差甚远。

2. 村庄规划批量化,盲目复制城市规划

由于设计费用的问题,现实情况是,村庄规划中多个村庄打包一起设计,一个项目里可能包含几个到十几个村庄的规划,时间和经费有限,不可能安排太多的人手,更不可能逐个村庄现场踏勘,实际的设计基本上是一个方案简单改改就套用了。即使有了逐个村庄的现场踏勘,但批量化"生产"出来的村庄规划就如同城市别墅区或者居住小区的规划一般。虽然,中国共产党第十六届五中全会通过《中共中央关于制定

国民经济和社会发展第十一个五年规划的建议》，提出"生产发展、生活宽裕、乡风文明、村容整洁、管理民主"的要求，扎实推进社会主义新农村建设。经过多年的规划建设，一批批"新农村"建设完成，但是多数村庄的规划简单粗暴，盲目复制城市的模式。新农村最终呈现的都是联排别墅区、兵营式多层小区或城市居住区的布局模式，完全失去了乡村原有的特色与性格。现在我们应该反思这样的村庄规划是否缺少了内涵。很多设计师没有去过现场，就完成了村庄规划，造成村庄原有的文化和内涵在这样不负责任的态度中逐渐消亡。

3. 村庄规划缺乏对特色的挖掘

现在的很多村庄的规划都只是按照人口配置相应的服务设施和市政设施，以满足基本的生产生活需要为标准。设计人员由于知识结构的问题，很少考虑农村产业结构及在产业驱动下的农村生活方式对建筑和环境的功能需求，还有村庄的独特性和人文保护的价值，他们缺少对产业结构、社区后续治理、生活方式、历史和特色的回应，也忽略了文化的价值。即便是打着民族文化的招牌做出来的村庄规划，也只是粗糙的粘贴文化图腾和简单的"穿衣戴帽"。这样的规划不但没有价值，而且造成资源浪费，不过是打着文化的牌子进行新一轮的批量套图复制而已。

三　规划山地村庄注意的几个问题

1. 山地村庄规划需要关注整体景观风貌

这个全球化的新时代，城市与地区在吸收世界先进科学文化的同时，开始注重基于地域的不同以及自然、历史、地理、经济、文化和社会条件的不同，探索科学的地域发展观，对地区特色加以继承与保护，建设具有地区特色的人居环境。农村的生产生活环境是农民居住的中心，因此民居也就成为新农村改造与建设的重点组成部分，它的改造直接关系到村落的整体景观风貌和地域文化特色的延续以及人居环境的质量。

长期以来，农村规划因缺乏系统的方向引导，要么简单照搬发达地区的经验，要么忽视农村村民自身的生活习惯和具体情况，在精准扶贫的政策压力下粗暴建设。这种盲目规划造成了对当地生态环境的破坏，以及地域文化和建筑文化传承的中断。

村庄规划应该尊重村民的生活习惯，关注当地自然环境的三维空间景观，特别是山地村庄。传统上，山地村庄是村民根据自己所处的环境依山就势建造的独有景观，这部分住宅以其独立的发展体系，走出了一条与城市住宅同等辉煌的道路。我国传统民居，无论是平面布局、结构构造，还是建筑造型，都凝聚着先人在顺应和改造大自然的过程中以自己的聪明才智形成的风格独特的文化特征，如云南的傣族竹屋、"一颗印"民居，大理的"三坊一照壁、四合五天井"，丽江的明楼、两步厦，香格里拉的藏族石砌、羌族碉楼房等，都颇具神韵，各具特色。今天，山地村庄的居民仍然以自己的智慧及对本地区文化的独特理解，在提高居住水平和坚持乡土文化上进行着积极探索。

2. 加速城市化与现有城乡二元制之间的矛盾

我国的城乡二元经济结构及社会形态使城乡发展呈现双轨

制的形态。城乡长期处于割裂状态，形成城市发展十分迅速、乡村发展相对缓慢的局面。在建筑上，尤其是住宅上也出现城乡两种相互独立的发展体系及特点。这种割裂也养成了在看待农村与城市问题上就城市论城市、就乡村论乡村的观念，形成了城市住宅与农村住宅的刻板印象。

但是随着城市化进程的发展，城市辐射力的增强，城乡互补性的增大，城乡界限也逐渐模糊，居住的概念发生了巨大的变化，往往是农村看城郊接合部，城郊接合部看城市，城市的生活方式正在深刻地影响着农村人的观念，外出务工人员，也把在城市感受到的生活方式带回农村。农村居民在逐渐提升生活环境质量的同时，也在一定程度上形成了思想的混乱，农村优秀的传统习惯和生活方式也在这个过程中被慢慢淡忘。外界信息的入侵，打破了原先乡村自给自足的经济状态，同时也打破了乡村的封闭性和脆弱性，使城乡之间的互补变得更加紧密，农村可以在更大的区域内共享资源。在农村住宅建设方面，乡村的封闭性被打破，许多优秀的建筑设计资讯和物美价廉的建筑材料被引入农村。但是，城市信息的入侵同时也使农村住宅设计在更大的区域内趋同、雷同或是重复的现象更加严重。

3. 产业调整对农村住宅规划的影响

农村人均耕地面积有限，将种植业作为收入主要来源的空间有限，农村长期以来作为城市的工业原料供应产地及粮食作物产地，处在整个产业较低端的位置，获得的利润不高。改革开放以来，农村大量富余劳动涌入城市，为城市创造财富。同时，各地农村也在积极调整自己的产业结构，如因地制宜开展特色农业生产，种植附加值高的经济作物，有的县区创办了大量的村镇企业，农村生活水平得到很大提高。此外，越来越多的农村地区依托自己的旅游资源，发展旅游业等第三产业。20世纪80年代末至今的三十多年中，改革开放给中国经济的发展注入了前所未有的活力，经济社会发展十分迅速，城乡面貌发生了巨大的变化。农村的社会、经济同样在发生着深刻的变化，这种改变不仅体现为农民经济水平的提高，而且农民的思想意识和生活方式也发生着重大转变。更多的外出务工人员把赚到的钱和学到的城市的生活方式带回农村，农村住宅模式越来越向城郊接合部靠拢。

4. 山地村庄规划需要保护传统特色提升环境品质

20世纪，大部分自然村肌理保存完好、建筑风貌统一且具有特色，但由于信息交流的增加，村民的思想意识还有待提高，加上缺少专业的规划和指导，村民单纯地认为城市的就是先进的。村内新建的房屋基本都遗弃了村里原有的建筑形式，成为一栋栋造型不佳的"小洋楼"，乡村中原有的、极富特色的建筑模式被逐渐取代。村民自觉意识的碎片化拼凑形成的"小洋楼"正在形成农村的社会肌理。乡村传统的"乡愁"正在消失。

经济的发展使现在乡村的生活水平已经有了很大的改善。我们应该在满足乡村基本物质需求的前提下更加重视乡村的形象建设。乡村建设同样需要特色，同样需要风貌和三维空间建设，同样需要公共空间设计。对于云南这样一个少数民族聚居的山地省份，村庄规划更应融入乡村空间景观设计的内容，挖掘山地乡村的独有特色、特有魅力，体现山地乡村独有的大地景观艺术。因此，我们应该重视本土特色的保护和塑造，从长远看，只有本土的才是最具有生命力的，新农村的建设更需要保留原有的建筑形式，与自然环境相融合。这里不是说要维持农村的居住条件不加以改善，而是应该了解和掌握乡村的特质以及一些不应该改变的要素，并加以保护和发扬，同时满足乡村居民对于现代生活方式的向往，对建筑的内部进行现代化装修。

四　农村住房设计存在的问题

目前，我国的建筑设计力量基本都集中在城市，建设经验主要来自城镇，云南也不例外。因此，在农村住房设计上会存在设计与实际脱离的情况。我国新农村住宅建设的主要问题集中在：一是对农村住宅建设的经济性需求认识不足，二是没有很好地针对农民的生活习惯，没有解决好农民生产、生活问题。"送城市别墅到农村"的做法，表面上改善了农民的居住条件，但实际上难以满足农村生活模式的要求。此外，乡村住宅的设计人员在设计上由于水平的限制，设计的住宅不能完全满足农民的生产生活需要，设计的住宅户型单一、功能结构不合理，忽略环境、功能、质量等因素，不注重新技术、新材料的应用，多数房屋的建设仍处于低层次、低技术含量的简单再生产状态。这种情况主要表现在如下几个方面。

1. 设计脱离实际

无论是将城市住宅模式照搬到农村，还是对城市住宅的盲目模仿，都是农村设计不合理的根源，都是因为对农村生活、生产的不了解或忽略。

现在村镇建设中，由政府主导的村镇社区规划建设不断增加，但实施的规划建设经常会套用城市模式，与当地农民的经济水平及产业情况脱节。尽管这种出发点是好的，但最终造成农民的经济负担。一些规划中的配套设施，如道路、绿化等，由于后续资金的缺乏而无法完成。再加上设计师对农村生活缺乏了解，其设计的房屋在使用上不能满足生活的需要。由于农户基本的生活需要得不到满足，很多农户就又开始按自己意愿搭建。

2. 功能设计不合理

农民建房大多没有正规图纸，或者根本就看不懂正规图纸。即便有提供正规的图纸，农民也未必能买得起；即使各地根据新农村建设的需要下发标准的建设图纸，很多情况下，农民也会因该图纸不符合自己的要求，不愿意参考。建房的施工人员所依据的也仅仅只是一份提纲，一张由泥瓦匠或包工头与房主口头商定的简图。依据这个方法建造出来的住宅，除了简陋外，还造成诸多功能上的不合理，不是空间尺度不正确，卧室偏狭长、采光差，就是平面布局盲目追求大开间、房间多，没有配套的厨房、卫生间，居住起来很不方便。房间内部结构设置不恰当，土地和空间利用不充分，没有设计贮藏室，导致物品放置混乱，甚至卧室变成粮食仓库，要不就是三间正房呈"一字型"布局，中间无分隔，老少几代分不开，分开就得分户，既浪费土地，又不利于照顾老人。还有的房屋设计的层高空旷高大，有的层高可以达到 4 米，盲目增加了建筑材料的用量。

3. 农村建筑立面单调或者杂乱不协调

城镇风貌的形成不是一蹴而就的，是与历史发展分不开的，它要经历漫长的历史演化，是不同历史阶段的街道形态的叠加，因此，它的发展是具有延续性的。在不断变化的历史进程中保持街道风貌的可持续的特色，城市的建筑在这个过程中尚且混乱不堪，更不要说农村了。近几十年，农村建房也逐渐由砖混结构代替了传统的土木结构，城市的住房样式冲击着农村的建房观念，传统的建筑制式在这个过程中也渐渐被遗忘。农村建筑没有系统的规范和引导，农户只能根据自己的经验自建房屋，粗放的建房形式决定了农村建筑不可能有统一的规划和设计。农户根据自己的想法，贴瓷砖、加罗马柱、大落地玻璃，建筑方式毫无章法可言，住宅立面设计随意，不考虑整个立面的协调性。以此建成的建筑物外观造型单调平庸，色彩以及形式缺乏整体性，村庄景观极不协调。

4. 房屋结构不合理，抗灾能力差

农村地区经济发展水平普遍比城镇低，山区农村经济水平更低，很多农户无力建设抗震性能好的房屋。农村的多数建筑依旧为传统的土木砖石结构。云南省大姚县在 2003 年 7 月和

10 月曾经发生过两次 6 级左右的地震，这两次灾害充分暴露出农村民房建设中的问题。据统计，地震导致 3700 余户受损，2 万余间民房倒塌，因受地震损坏变成危房的住房达 10 万户，仅民房损失损毁造成的直接经济损失就超过了 3 亿元。地震中重伤的 56 人和死亡的 19 人全部居住在土木结构的房屋里。

即使在经济相对发达的农村地区，住房多是按照传统的施工方法，由农户私人建造，缺乏具有抗震知识的专业设计、施工人员，工程建设缺乏管理，造成农村房屋在建造的过程中材料强度低、结构整体性差，房屋的抗震能力普遍较低的问题。在农村，烈度为 6 度的地震就可以对住宅造成相当程度的破坏，烈度为 7 度的地震就会对建筑造成严重的破坏和倒塌，烈度为 8 度的地震就会对建筑造成毁灭性的破坏。

另外，在农村，村民的抗震设防意识淡薄，农民缺少进行抗震建设的技术知识，建房随意性大，不知道在地震区对房屋建设应该采取什么样的抗震设防措施。即使少数人稍微具备抗震知识，也受到经济水平、传统习惯等原因的影响，采取的抗震措施不到位。农村建房，片面追求大空间、大开窗，造成窗间宽度明显不足，抗震能力下降。即使农民有意识地想建造抗震强度高一些的房屋，也很难找到合适的施工单位，城镇地区有资质、有技术实力的建筑施工企业不愿意到农村地区承建工程，而农村地区又缺乏掌握规范施工的工匠。

5. 农村住宅热舒适状况差

农村住宅体型规则比较少，基本没有保温隔热措施，新材料的运用也不充分。住宅基本以砖混结构为主，外围护墙多采用厚的黏土砖，内外抹面，护墙绝大多数无保温隔热层，窗户多采用木窗、铝合金窗，气密性和水密性差，普遍采用单层玻璃，住宅外层遮阳措施很少。这些材料的热工特性导致住宅内夏季闷热，再加上平屋顶住宅的顶层防水措施处理不到位，造成夏季的时候，顶层房间里白天温度过高；冬季的时候，室内温度很低，室内墙角及外墙表面结霜引发室内潮湿、室内物品发霉变质等问题。

6. 自然资源丰富与可持续发展之间的矛盾

缺少规划使建设用地的使用存在随意性，宅基地管理不到位，胡乱占用集体用地作为自家建设用地成为普遍的现象。同时，不可循环利用的建筑材料的大量使用，也产生了大量的建筑垃圾，并且这些建筑垃圾任意堆放的现象严重。这些行为不但给环境造成了巨大的破坏，而且这种破坏往往是不可逆的。

五　村庄住宅区环境差，气味难闻、垃圾乱飞等现象严重

农村环境脏乱差主要有以下特点。一是畜禽散养、畜禽粪便乱堆、乱放。特别是随着饲养业的发展，一些村庄畜禽粪便堆满街、铺满路。夏季，粪便散发的气味严重污染了农村的空气，同时，粪便夹稀泥混合严重影响了村民出行。二是生活资料摆放无序，随意性强，十分杂乱。玉米秸秆在街道旁和庭院里随意堆放，十分邋遢、混乱不堪。三是农村道路、排水等基础设施和公共服务设施建设功能差。特别是农村道路标准低、

质量差，大多数村与村之间的道路没有铺柏油和砂石，完全是土路，可谓"晴天扬灰路，雨天泥水路"。四是饮水安全难以保证。旱厕、猪圈、水井共处一个庭院，距离较近，容易互相渗透，对饮用水造成污染。五是农民的环境意识差，缺乏营造优美环境的习惯。近年来，农村的经济虽然得到长足发展，但农民的生产、生活方式没有从根本上发生改变，没有形成讲卫生、讲文明的社会氛围和良好风尚。

厕所的建设方面，目前农民建房大都会建造设备良好的卫生间，但是一些地方由于缺水和排污系统的落后，使抽水马桶无法使用，成为摆设。村庄的环境卫生差，气味难闻、垃圾乱飞的现象很严重。村内街巷一般都很狭窄，且多为自然形成的土路，交混穿行、崎岖曲折。此外，很多农村都缺乏必需的公共活动场所和购物场所。

六 传统农村人、畜粪便处理与农村环境

目前，农村的生活垃圾和污水任意乱排放的现象还是比较严重的，现在全国农村的生活垃圾每年的排放量为 1.5 亿吨，生活污水的排放量为 110 亿吨。110 亿吨的生活污水排放量是什么概念呢？这种程度的排放量相当于城市和县城排放量的一半，但是城市排污水管网都已建起来，污水会被处理掉了；农村的生活污水大部分没有经过处理，任意排放，所以对环境的影响更大，也影响了农民的身体健康。

因此，农村人居环境建设必须处理好农村的人、畜粪便

问题。事实上，在传统模式的粪便处理中，粪便不是排放出去，而是回到田地。这是一个很好的机制，但是我们需要用更现代化的方式让农民更干净地做这件事，用更科学的方法和技术来做这件事。这是当下新农村规划设计的重中之重。所以，在农村大规模推进污水处理系统之前，我们要重点把这个问题解决好。

第二节 云南山地新农村住宅设计思考

一 山地新农村住宅设计原则

1. 坚持文化可持续发展的设计理念

云南是一个拥有 26 个少数民族的多民族省份，各民族的风俗由于地域的不同呈现不尽相同的形态，这也就形成了云南绚丽多彩、各具特色的地域文化。

文化类型和模式的不同使一个地域的文化在发展的过程中，一方面受到了外来文化的影响，与外来文化融合，表现出包容性；另一方面又会与外来文化存在冲突和竞争，体现了地域文化的延续性。不同文化之间相互融合，趋于一体化的过程就是文化整合的过程。我们应该努力寻找契合点，用丰富的传统内涵赋予它新的形式。在进行新农村环境设计的同时，更应注重民俗文化和地域传统文化对环境的影响与渗透。

20 世纪 80 年代以来，我国大部分乡村地区正经历由传统农业逐步向现代农业转变的过程。在这一过程中，乡村景观呈现无序性、低品位、低质量、审美倒退等现象。曾经以江南水乡、中原村落和塞外游牧生活为代表的风格各异的中国乡村，现在几乎被清一色、缺乏个性的水泥建筑所覆盖，房屋缺乏文化内涵，丧失了广大乡村依顺自然、具有地方个性的传统建筑风格，破坏了经过千百年保留下来的乡土景观和文化风貌，乡村美好的田园风光仅成为存留在人们脑海里的美学印象。

随着云南地区经济越来越快地发展，农民的收入也大幅度提高。农民逐渐形成了"存钱不如盖房"的理念，农村出现了随处可见的小洋楼。农民们争相盖起了独栋小楼，楼越盖越高，地域特色逐渐丧失。新农村环境设计中出现的这种趋同性情况，以及云南山地农村所存在的种种文化缺失问题，总体可以归纳为两方面的因素。

一是缺乏地域特色文化的整体性。客观来讲，每个地域个性的形成都是因为受到历史、地理等各种因素的长期影响。正是这些文化特征，使该地域形成了独特的景观环境。提到北京，人们就会想到四合院；提到威尼斯，人们会想到著名的水上城市；提到地中海，人们会想到蓝白相间装饰的建筑，这些都是不同的地域文化影响地域环境的结果。相反，如果丧失了地域特色，就如同割裂了民族传统，使地域环境变成无本之源。正如中国美术学院建筑艺术学院院长王澍所说，"一座失忆的乡村就和一个失忆的人一样，很难被硬说成是健康的"。如今面对千村一面、千楼一面的局面，我们更应该发掘传统文化的内在活力，保护和发展地域特色。

二是不具备区别于其他地域文化的差异性。现今国内新农村设计更多的是盲目的复制，缺少对各地域文化特色的展示。对于地域文化差异性的挖掘和研究，不但要对文物古迹、地域风貌和当地环境特征进行研究，还要透过这些文化表象归纳本土文化的地域特质，利用地域自身的优势，综合构筑出云南山地新农村本土环境建设的艺术肌理。

2. 山地村庄规划应该引入"乡村设计"的内容

结合前文的分析，山地村庄规划有必要引入空间景观设计的内容，但目前中国的规划体系中并没有要求村庄做空间景观设计，这是规划体系中一个缺失的部分，我们有责任和义务告诉规划从业者这一问题。为了便于论述，这里暂且称这种在村庄规划中引入空间景观设计的规划为"乡村设计"。

"乡村设计"的主要内容包括以下几个方面。

（1）城市设计和乡村设计的定义。现在普遍接受的城市设计的定义是"城市设计是一种关注城市规划布局、城市面貌、城镇功能，尤其关注城市公共空间的一门学科"。相对城市规划的抽象性和数据化，城市设计更具有具体性和图形化。云南这样的山地省份，"乡村设计"应该是一种关注乡村与周边山地环境、乡村风貌和尺度的保护、乡村公共空间的一种空间景观设计，它是区别于城市设计的一种回归自然的空间形象设计。

（2）城市设计与乡村空间景观设计的联系与区别。凯文·

林奇在《城市意象》中提出城市五要素：路径、节点、地标、区域、边界。这五要素是城市设计的关注重点。"乡村设计"也可以从这五方面考虑，不过定义的内容有所差别。

乡村景观有着区别于城市地域的很多特征。乡村是指非城市化区域，严格地讲是指城镇规划区以外的人类居住区域，是一个空间地域和人类社会的综合体。美丽乡村不仅有自然属性，而且有社会属性，具体内容有：自然生态之美、历史人文之美、现代文明之美。改革开放以来，我国社会、经济各方面都有了很大的发展，但随着乡村城市化进程的不断演变，在乡村地域的具体建设和设计理论的研究过程中仍然存在一系列问题。例如，景观设计没有地域特色，过度宣传与开发，一味复制城市建设模式，忽略乡村传统历史文化，固定僵化地模仿城市发展方式，使很多乡村失去了生态质朴的特色。乡村与城市最大的不同在于乡村的形成并不只是一种阶级权势的体现，更多的是顺应地形、结合当地自然条件，经过经验总结形成的一种特定的建筑布局模式和建筑形制。因此"乡村设计"应该尊重这一特点，而不是将城市的特征强加给乡村，乡村也不应该把城市的风格当作流行、前沿。只有延续历史，历史才会成为你的财富。当然这并不是说乡村人民的生活方式不能改善，而是指乡村的特征、风貌不要改变，延续历史的习惯。

乡村与城市特征的差异决定了"乡村设计"也应该与城市设计有所差别。首先，乡村所处的环境与城市不同，乡村与农田的关系又极为密切，因此"乡村设计"的考虑范围应该包括农田，这是使设计与自然完美结合的一种方式。其次，乡村的空间形态设计应该尊重原有的街巷模式，不要大肆拆建。乡村的发展更多是其自身的生长，没有更多的外部因素影响其发展，所以对于乡村的空间形态更多是延续原有的传统，对局部进行改善和调整。最后，"乡村设计"给乡村形象带来改善的根本目的是引入旅游业，增加村民收入。

（3）"乡村设计"是一种回归自然的空间规划。《设计城市》的作者亚历山大·R. 卡斯伯特曾经这样形容空间，他说，"空间不是社会的反应，而是社会的基本物质要素之一，脱离了与社会之间的关系思考空间，也就将自然与文化分离。空间形式是人类行为的产物，取决于特定的生产方式和发展模式，表达和实现统治阶级的利益"。现在的城市建设可以说就是科技的一种实体体现，人们将房子盖得越来越高，城市的行政中心越来越宏伟，这些现象都使建筑逐渐脱离人的感受。人只是城市业绩的一颗螺丝钉，人不再是城市的主人，只是城市的"雇佣工"。正如亚历山大·R. 卡斯伯特在《设计城市——城市设计的批判性导读》中所说的，自工业革命至 20 世纪的城市设计，受科学发展成功的激发下，机械的一致性成为 20 世纪大部分城市设计的标准。城市设计也忠诚地体现着统治阶级的利益。

"乡村设计"则是一种回归自然的空间规划。它源于自然生长而高于自然生长；它更强调空间与人类行为的联系，关注的重点是乡村与山地的融合、乡村风貌和传统文化的保护、乡村公共空间的梳理。云南的山地乡村，建筑与地形结合的意义不仅是降低成本，而且是顺应大自然，减少对环境造成破坏的重要措施。例如，山地建筑独特的吊脚楼形式就是顺应自然的结果，这种历经风雨的设计有着它特有的生命力和对自然环境的适应性，是我们现在许多设计学习的榜样。城市的大规模建设从某种程度上讲就是对自然的破坏，所以自然灾害频发。因此"回归"才是人们经历各种经验教训后得到的真谛。

二　不同地貌类型的山地乡村设计要点

地貌是生命活动的舞台，地貌上的自然生态元素——光、风、水、土等是孕育生命的基本条件。地貌景观是由与地貌相关联的气候、土壤、植被等地表生态要素组成的自然地域综合体。"一方水土养一方人"，不同的地貌景观能够孕育不同的聚落景观。山地新农村的建设活动与地貌环境的关系尤为密切，山地新农村的分布与建设，能否适应地貌景观环境，是山地新农村生态化建设成功与否的最直接体现。云南乡村有着丰富的山地景观资源，由于地处高原山区，山地农村景观的要素构成、景观格局、景观功能及景观生态环境都独具特点。由于特殊的地形及气候条件，这些地方多具有秀美的自然景观、独特的农田景观以及富有地方特色的乡村聚落景观。高差上的变化带来了视觉上的趣味，民居建筑沿地形起伏灵活分布，连绵起伏的山峦宛如锦屏，作为背景，丰富了乡村的空间层次。与此同时，由于山地地形的起伏，使景观视点更加多样，山地乡村的视域景观在广度和深度上变得异常丰富。由于山地高度的

依托，人的视点较平原地区高，这就使人们看到的景观更加具
有层次性。因此，通过"乡村设计"的方法，优化凸显云南
山地农村特有的景观资源，为山地乡村景观规划与设计及山地
乡村景观资源的合理开发提供理论依据，对促进山地乡村景观
整治，改善山地乡村环境，具有重要的理论意义和实践意义。

云南乡村景观风貌主要的构成要素为山、水、田。结合空间
形态的类型，主要可以将云南山地农村划分为四种类型：缓坡型
山地乡村、平坝型山地乡村、滨水型山地乡村和复合型山地乡村。

1. 缓坡型山地乡村

低丘缓坡，一般是指没有明显的地形变化的山丘，顶部
浑圆，相对高差较小的地带。缓坡型村庄依山就势垂直分
布，形成以山体为背景的高低错落的台地景观空间。例如，
泸西县城南 25 公里处的城子村，古村的民居依山顺势，呈
梯形，向上分布，大多数房屋屋顶相接，层层而上的土库房
形成台阶，最多的台阶有 17 层，一般的也在 10 层以上，不
少土库房顶连缀在一起，形成数十米甚至上百米的平台，全
村 1000 多间土库房首尾相连，与山坡融为一体。村寨景观充
分体现了人与自然的和谐相处，达到了人与自然共生共存的
完美境界，被誉为泸西的"布达拉宫"（见图 3 - 1）①，该景
观是民族建筑史上的活化石，是集喀斯特自然山水田园风光
与少数民族风情筑于一体的胜地。

---

① 本书中所涉的图片，若未给予特别说明，均为本项目组拍摄。

图 3 - 1　泸西县城子村

诺邓是一座有着上千年历史的白族村寨，千年来，村名从未更改，沿袭至今，古镇的民居建筑均依山而建，多为明清时期修建。向上望去，民居层层叠叠，错落有致，依次有龙王庙、古江西会馆、万寿宫、古榕树、黄姓家族的"题名坊"和玉皇阁前的"棂星门"等古建筑群、古牌坊，古镇内的牌坊是滇西现存最大的古木牌坊。村中的古黄连木，树高达三四十米，其中最古老的树木的树龄已有 800 多年（如图3 - 2）。

图 3 - 2　诺邓村

这类乡村的设计主要通过视线的控制、地块限高的手段体现乡村风貌，组织有山地特色的景观秩序，景观优美、富有情趣的视线通廊，打造视线开阔的观景平台及公共活动空间，划分扇面视线控制范围区，严格控制范围内各地块的标高，强化地形的层次感和丰富的纵深感。

2. 平坝型山地乡村

云南的平坝多为山中坝，分布在崇山峻岭之中，平坝型乡村多建在平坝或小盆地之中，这些地区大多土地肥沃，适宜人居和劳作。村庄依山而建，地形变化较小，具备丰富的农田景观基质和山地景观基质。例如，丘北县的部分村寨，坝区内丘陵起伏、土地肥沃，为避让优质农田，村庄均围绕坝区耕地依山而建（如图3－3）。

图3－3　丘北山地村寨

罗平县的山村，此类乡村的设计应充分利用农田景观的资源优势，背山面田而建，形成开敞的"山—村—田"的景观。村落间结合自然条件，形成山体向农田自然过渡的生态廊道，使自然景观渗透于乡村之中，既能使乡村与自然环境更好地有机融合，又形成了各个村落间的天然屏障（如图 3-4）。

图3-4 罗平县的山村

3. 滨水型山地乡村

滨水型乡村有些是沿河流的两岸而建的，与水体有着很好的交融关系，村落建设的空间形态多呈狭长形，典型的例子有宜良县南盘江边的古城村；有些背山面水而建，空间形态具有良好的山水特质，典型的例子有玉溪江川县星云湖畔的大凹村。此类乡村在设计中应强化重点景观，通过控制高度来构建"显山露水"的视觉景观，充分"借山用水"，形成变化有序、层次清晰的景观序列（如图3-5）。

4. 复合型山地乡村

复合型乡村为山、水、田，各景观要素交融型村落。云南省内的农田多分布在河流冲击形成的坝区之中，较为典型的有红河州元阳县山地村落。元阳梯田位于云南省红河州元阳县的哀牢山南部，是哈尼族人世代留下的杰作。元阳的梯田随山势

图3-5　星云湖畔大凹村

地形变化而变化，坡缓地大则开垦大田，坡陡地小则开垦小田。元阳梯田呈现以下特点。每一个村寨的上方，必然生长着茂密的森林，提供村落水源、木材、薪炭，其中以神圣不可侵犯的寨神林为特征。村寨下方是层层相叠的千百级梯田，这里提供着哈尼族人生存发展的基本资料——粮食。中间的村寨由一座座宅舍组合而成，形成哈尼族人安居乐业的居所。这一结构被文化生态学家盛赞为"江河—森林—村寨—梯田"四度同构的人与自然高度协调的、良性循环的、可持续发展的生态系统。

　　元阳梯田有四绝：一绝面积大，形状各异的梯田连绵成片，每片面积多达上千亩；二绝地势陡，从15度的缓坡到75度的峭壁，都能看见梯田；三绝级数多，最多的时候能在一面坡上开出3000多级阶梯；四绝海拔高，梯田由河谷一直延伸到海拔2000多米的山上，可以到达水稻生长的最高极限（如图3-6）。

图 3 – 6　元阳梯田

此类乡村较易形成错落丰富的景观序列，在设计中应充分利用山地地形，重点考虑生态系统的保护和建筑高度的控制，强化景观界面，使山、水、人完美融合，形成一种林在山顶、村在山腰、田在山脚的空间结构体系，将村庄有机地地融入生态环境之中。

总之，云南省地处云贵高原，全省包含缓坡型、平坝型、滨水型和复合型等多种类型的山地乡村空间形态，这些空间形态造就了云南省乡村丰富的空间景观特征。随着城乡统筹的不断深入，将会有更多的村庄纳入规划，为了保护这些人类的杰出"作品"不被同质化，也为了村庄的可持续发展和村民增收，村庄规划十分有必要引入空间景观设计的内容。

第三节　云南财经大学马关精准扶贫产业化
自助建房模式探索

2015 年 11 月，云南财经大学"挂包帮"转战马关，在云南财经大学党政领导的关心指导下，云南财经大学钟正山美术馆、云南财经大学现代设计艺术学院，整合社会资源，联合云南强瑞新能源有限责任公司、曲靖重型机械制造有限公司、昆明民用建筑设计院，组成设计、研发团队，选派优秀师生进驻马关坡角镇，为新农村建设打造样板。

立足村内优美的自然生态环境和浓郁的民族风情，马关县委、县政府将小马固新寨村定位为民族文化生态旅游示范村并进行规划建设。主持该项目的云南财经大学现代设计艺术学院围绕民族文化和生态旅游的主题，对新寨村进行了全面系统的规划设计。设计团队通过几个月的努力，对新寨村进行了详细的规划，发现新农村建设不仅是对建筑和文化的重塑，而且是对村寨产业、人畜粪便治理、社区公共服务等的综合规划。这次规划为新农村建设摸索出了一套有实际推广价值的新农村建设模式。随后，设计团队又对罗家坪、夹寒箐、都龙、马额等村庄进行了规划和设计。

设计团队着力打造布局优化、类型丰富、功能完善、特色明显，能够显著提高社会效益的试点村落。为试点村居民营造一个看得见山、望得见水、记得住乡愁的高品质休闲旅游体验环境。这进一步增强了新寨村可持续发展的能力，提高了农民收入水平，并运用新技术、高科技来降低农民生产成本。例如CIGS薄膜玻璃光伏发电、秸秆有机肥、中科纳米节能灯系统、道路固化剂等技术的引入，均能有效地降低农村住房的改建成本，有效地将人畜粪便处理成有机肥，这种方式不但从根本上改变脏乱差的村庄样貌，而且还有效地解决了居民的生活生产问题。

设计团队针对乡村污水分散处理的现状，采用一些相对简单的生态化污水处理技术，包括人工湿地、氧化塘、土地处理系统等。通过污水处理，可以实现对污水的生物处理，并生产出有机农业肥料，增加农户收入。这次规划，特别是在农村建筑新材料应用、成本控制和社区治理方面做出有益的探索。

项目的实施得到了文山州各级领导的高度重视，2015 年 12 月 22 日下午，云南省文山州副州长、州委秘书长、文山州扶贫办公室主任以及各县负责新农村工作的领导来到新农村建设示范村小马固新寨村检查指导工作，并召开了全州的现场工作会，推广新寨村的新农村建设模式。具体实践模式分述如下。

一 根据农村住宅建设特点针对性设计 "互助建设模式"

1. 农户自行建房模式

在云南山地农村，农民收入不高、交通不便、自给性消费意识强。农户自行建房通常是农民作为投资主体，农民自请工匠，自己组织建房材料，完成从申请宅基地、资金筹集、房屋结构设计、施工至竣工验收的全部工作，这种方式至今在云南山地农村住宅建设中占主导地位，其特点是建房的资金来源主要是农民自身储蓄积累，或是亲戚、朋友的借款。农户宅基地选址一般根据生产、生活的方便程度来确定，以自身的效用最大化为目标。在家庭承包、小农经济的条件下，分散居住、占耕地建房、建路边店成为农户的必然选择。农户对传统的建设方式有一种强烈的依赖，并且这种自然经济条件下的改造方式经过与农村的政策、制度长期"磨合"后，在一定程度上是有效率的。这是因为，一方面，自建方式已为农民所熟悉，传统的建筑程序、房屋结构、建筑材料的选择等已被农户了解，农民无须再为获得这些信息支付多余的资金；另一方面，大多农户建房会请工匠"帮忙"，并以口头契约的形式达成劳务支付协议，在农民注重信用的前提下，这种契约形成方式的交易成本很低。

如今，自建房不但是村镇建设的主要方式，而且是农民一生很重要的投资，由于缺乏相应的指导，农民的自建房屋存在不同程度的问题。这些问题降低了房屋的使用寿命和质量，此外，建房规模或是规格过高，也会损耗农民的经济实力，因此，云南农村出现大量"楼房林立、家徒四壁"的不协调现象。

考虑到云南农村未来的经济发展，自建房仍然还会是主要的建房模式，因此还要因势利导，需要政府在规划管理与消费上进行引导，完善村镇规划、控制建房规模等。此外，自建房在农村住宅研究上还是要作为一个重要的研究课题，脱离了这个研究对象，整个村镇住宅的研究就不完整。这又产生一个问题，那就是如何鼓励设计师参与的问题。在没有设计费用或者设计费用很低的前提下，设计师怎么参与，怎么去指导，是一户户的设计，还是编制图册作为农民的参考依据，都是应该考虑的问题。显然，目前一户户设计是缺乏实际可操作性的，参考图集对于农民而言，是否具有真正的实用性以及农民是否愿意使用也是个大的问题。

在这方面，目前政府及一些有责任感的独立设计师也在对乡村住宅设计进行着探索。设计团队的师生对这些探索模式进行了深入的学习和研究，总结了成功的经验，分析了探索中的不足，结合云南山地农村实际，摸索出一套适应云南山地的"四位一体"农村建设、治理模式。

2. 新技术与自建房相结合

在"禁砖"的背景下，各地政府鼓励建筑新材料、新技术、新体系的开发及应用，并对新时期下的农村建房模式进行探索，取得了有益的经验。

一些地方为使村民自愿选择新户型、新建材，政府给予新农民示范户一定的政策支持，并制定相关政策给予新农民示范户示范工程补贴，政府还免费提供推介户型的施工图纸和勘探、监理等服务。农民在自建房的过程中，若采用县、区推荐的新建材，选择新户型，采用太阳能发电和采暖热水技术，政府也组织相关部门进行指导，并在设计费用方面给予支持。此外，政府积极向村民推荐"合板镶嵌式集成节能建筑体系""预埋轻钢、轻质混凝土结构体系"等新型建造体系。这些体系的一个共同特点是住宅由一个个部件组成，部件在工厂生产，现场干式施工，各部件的物理指标良好、综合效益高。应该说，这是引导农民的自建行为从非专业化、粗放型建造向专业化、集约化、产业化建造的方向转变的良好的开始。同时也从推广新建造技术向新的建造模式上转移，鼓励政策的灵活应用，减轻了农民在采用新的建造方式时面临的建造费用增加的难题，也有利于建筑结构体系生产厂家增加建造数量以降低成本，使新建筑结构体系的价格能普遍适应农民的收入水平，得到普遍推广，将农宅的居住质量提升到一个新的层次。

在个人实践方面，1999 年台湾发生了"9·21"大地震。当时 45 岁的建筑师谢英俊，应邀前往灾区帮助灾民重建家园。正是这次帮灾民重建家园的经历，让谢英俊走出一条与众不同的"协力造屋"模式。他在台湾及大陆兰考进行了多项生态住宅实践，他尝试用木、轻钢作为支撑结构，草泥等当地原料作为围护结构的材料。他就地取材，并组织和指导村民自己动手盖房，推广"协力造屋"，通过村庄社员互相出力帮工，减少建造中人工费用的支出，同时还增进了村庄社员之间的感情。除了发动村民，他还与乡村建筑人员合作，以招收志愿者的方式，培养了一批适应农村建筑施工的施工人员，以便于这种住宅模式的推广（如图 3-7）。

图3-7 谢英俊"协力造屋"

又如浙江安吉的任卫中，他原本是交通部门的职员，因为对乡土建筑以及绿色环保事业的热爱，投身到具有当地特色的夯土住宅的研究中，自己出钱、自己设计、自己组织施工，最后完成四栋夯土住宅的建造。他在建造技术和建筑形式上做了一些更新，将技术要点和实践经验通过让村民参观、举办村民培训班的形式加以推广。任卫中的生态建筑主要有以下特点：建筑材料用的是最本质、最传统的夯土技术与材质，自然、朴素、从容。这种建筑方式，不用砖头却砌起了8米高的墙体，不用钢筋却建起了两层楼房，房间没装空调却冬暖夏凉。除了节能环保和冬暖夏凉，"造价低廉"也是"生态屋"的一大特点。只需三到四个月的时间，花费6万至7万元便能就地建起一幢"生态屋"。由废料改造的"生态屋"只需一个月，花费3万到4万元便能建成（如图3-8）。

从谢英俊和任卫中的实践中可以得出他们的以下几处共同点。第一，都提倡当地居民群体的参与，降低人工成本。第二，都以生动的建造实践作为展示过程，最后建成"样板

图 3 - 8　任卫中在他的"生态屋"

房"。在农村，农民自建房在很多情况下不是根据图集，而是通过参观、模仿其他人家的住宅形式及内容来确定的，"样板房"的存在有助于农民有个现实的依照，以便做出判断。第三，传授的不只是简单的平立剖面之类的概念，而是系统的住宅的建造方法，通过建造方法的实践，避免农民在自建房时盲目建设。

因此，农民自建住房，提高农民自建的水平，探索新的建造体系已经成为趋势，各地因地制宜在摸索中获得不少经验。但由于我国各地差异较大，旧有的建设模式、旧观念还有待进一步改变，彻底解决自建房过程中的问题还需要做更多的研究与探索。

3. **合作建房模式**

实践证明，该模式适用于有大量农户联办组织的经济不发达地区，或者一些人口密度较大、自建活动较频繁的地区。合作建房模式是通过引导合作经济组织从事农村住房建设，实现农户住房建设合作化与规范化。合作建房模式的建设主体可分为四种类型：国家兴办、政府各部门兴办、社区性合作组织、农户自发组建。从合作形式看，可分为资金合作和劳务合作。

合作建房模式的特点是与自行建设模式相比较来说，合作建房模式易于实现统建、联建，有利于规范化管理。合作的原则是"自愿组合、自主经营、互助互利、公正平等"，个人与集体共享利益，共担风险。

合作建房模式的缺陷是因缺乏资金、信息、服务等，可能导致农房建筑技术层次低，产业规模小，合作社自我积累能力弱，组织体系不稳定。合作组织财产关系模糊，这可能会弱化合作组织内部的激励机制，损伤自身的信用基础，引发劳务合作中的消极怠工及一系列债权债务纠纷等问题。

在目前的合作建房的实例中，兰考乡村生态建筑实践和福建梅花镇新村建房改造代表着不同层面的操作。就谢英俊在兰考的实践来说，它最初是指导农民建房，算是农宅的自建行为，但是在这个过程中引入了"协力造屋"的理念，鼓励社区之间的劳务互助，接下来的实践中更像是劳务合作。兰考乡村生态建筑推广的基础是当地的合作社，参与建造的最初两户户主都是合作社的社员，组建的建筑队也是由社员组成。这样的方式使乡村生态建筑的推广与合作机制联系起来，参加合作社，不但可以优先建造房子，成本也可以适当节省，而且可以在为其他住户建房的过程中，获得工作机会并可以依靠合作社的力量建造自己的房屋。最初的加工工具的获得还可以在合作社的担保下，租借到一些个人无法租借到的工具。这种合作完全是自愿的，是合作建房模式中的比较初级的一个方式。谢英俊还说，在后续的建造中，设立简单的建造加工厂，为合作社找出一条贴近实际的经济合作模式，这也是合作社作为经济合作组织迫切需要解决的问题。单打独斗的建造方式，不但增加建造的成本，也无法作为设计单位长期从事建造工作的模式，会浪费很多的精力。因此，在兰考的实践例子中可以看到从自建行为到初步的合作建房模式的转变，是由单纯的劳务合作向劳务合作与经济合作两种方式的结合的转变。

产业化建房模式是农村建房的必由之路，但目前该模式适合经济发达、农民收入较高的地区。产业化建房模式是通过培植各种形式的农村住房建筑企业，接受政府、集体等的委托进行农房建设，以承建或出售新建农房作为主要内容的农村住房建设模式。其特点是通过规范农村住房建设行为，实现农村住房建设的企业化、专业化、市场化和社会化，促进农房从设计、施工到装修、配套基础设施建设全过程的一体化，提高农村宅基地的集约利用程度，优化农房建设要素的配套，形成农村住房建设的良性发展机制。

目前我国农村住房仍以自建为主，多数地区谈产业化还为时过早。但是，农村住房建设产业化克服了粗放型农产自行建设模式的弊端，使多年农村住房建设"质量差、功能不配套、不便管理"等问题迎刃而解。

二 应用体系化设计农村住宅

体系化设计作为一种设计方法，是把设计的对象作为一个系统来研究，将体系化设计的方法应用于建筑设计中，这种方法称之为建筑体系化设计。用体系化设计方法进行设计、建造的建筑称为体系建筑。用体系化的设计方法进行建筑设计，要求设计者充分考虑建筑物的层次及相互的联系，发挥建筑物标准化、重复性的特点，同时兼顾多样化和可变性。

目前，在我国城市住宅的设计和建造过程中，体系化的设计和建造方法已经得到了较为广泛的应用，尤其是其规模化和集约化的特征，与体系化的设计和建造有契合的先机。

农村住宅建造存在众多问题，如粗放型建造、非专业、随意性等是比较突出的现象，若要根治这些现象，目前有三种途径。一是提高农民及施工队在自建住宅中的建造水平，通过设计及建造过程的标准化，减少其随意性，达到优化施工过程、减少浪费的目的。二是寻求专业力量的参与，鼓励更多的如建筑师等专业人士的介入。但是相对农村住宅建造的数量，建筑师的人数是远远不够的。因此，可以用"标准化"的工业生产，用构件装配的方式来弥补，发展对应的"标准化"的施工技术。三是结合村庄调整，改变目前农村建房粗放、不专业、随意性大的状况，促进农村居住区域建设，以产业化运作的方式来操作。

结合马关小马固新寨、罗家坪、夹寒箐的村庄规划和建筑设计，从促进建造标准化着手，对目前农村现有的住宅建造过程进行优化，因地制宜地应用标准化部件生产的原则，对建筑部件进行标准化研究，工厂化生产，降低成本。

三 农村推广钢结构住宅

创新农村住宅建设的发展方式，探索适宜我国国情和农民生活特点的节能省地型住宅发展模式，加快新农村住宅的建设步伐，是建设社会主义新农村的一项重要内容。钢结构住宅体系具有便于实现标准化，部件化，便于组织进行工业化生产，节能、节水、节地、节材，符合环保及可持续发展的要求等特点。钢结构住宅体系在社会主义新农村住宅建设中有着巨大的市场潜力和良好的发展前景。

20 世纪 50 年代，中国农村住宅一般以简易的单层建筑为主，屋面为茅草或小青瓦，主要支撑结构为简单的木制框架。20 世纪 60～70 年代，由于木材相对短缺，钢筋混凝土开始取代木材，农村住宅中原来的木制框架开始逐步被预应力钢筋混凝土预制装配式框架所代替。20 世纪 80～90 年代，经过改革开放，中国农村经济有了长足的进步，住宅建设也从以单层的瓦房为主逐步发展成为以楼房为主，墙体主要为实心黏土砖墙，钢筋混凝土砖混结构技术逐步成为农村住宅中的主要支撑结构技术，黏土砖成为主要的建筑材料。由于烧砖而毁坏的农田数量不断加大，1999 年国家出台政策，黏土砖于 2003 年 6 月 10 日起被严格禁止使用，这样一来，农民逐渐失去了用砖混结构体系建房的最基本的建筑材料，转而选择钢结构建筑。

钢结构建筑是指由钢结构骨架、辅助板材、配套设置共同组成的建筑体系。钢结构建筑的抗震性能远优于传统的砖混结构建筑。钢结构农村住宅结构设计的主要思路是在回归传统的基础上"以钢代木",这也是国外钢结构住宅技术最初发展的基本思路。具体做法是借鉴传统木结构的形式,用钢梁柱替换传统的木梁柱,结构柱的位置基本落在网格的交会点上。将钢结构引入农村住宅,是因为钢结构有诸多优点。钢结构具备延性好、变形能力强等特质,具有优异的抗震性能,施工方便,建造速度快,所有主体结构均为工厂加工,现场拼装。单栋该类住宅的主体结构从加工到现场安装完毕仅需 10 天左右,从基础施工到新房交付可缩短至 1 个月,而同类钢筋混凝土住宅则需要 2 个月至 3 个月。由于支撑钢结构建筑的材料强度高,用料省,体型小,同时采用了新型屋顶及墙体,所以钢结构住宅自重轻,同样建筑面积的钢结构建筑自重约为传统砖混结构的1/2,这样在一定程度上又可以降低基础建设的成本。

当前,农村住宅建筑由于设计、施工、用材不当,建筑质量不佳,事故隐患多,关键时候难以抗震抗灾。因此大力发展和积极推广能够抗震抗灾的住宅建筑,对于我国国民抵御自然灾害、保障生命安全具有重大的现实意义。根据国民经济和社会发展的远景目标,农村住宅建设第一要确保质量安全,然后要逐步发展到世界先进人居水平。大力发展适用、舒适、科技含量高、现代化的钢结构建筑,能够有力地促进我国新农村建设。1996 年我国钢的总产量超过 1 亿吨,居世界首位,随着钢材产量和质量的持续升高,其价格正逐步下降,钢结构的造价也有了较大幅度的降低。现在市场上的钢材价格比较便宜,建一幢钢结构的建筑实为物美价廉。真正将钢结构住宅推向台前的是宝钢，在 2008 年汶川震后其为灾区人民提供了彩板房，在这之后，宝钢又承接了都江堰幸福家园逸苑小区的建设项目，这是我国西南地区出现的第一批钢结构住宅。认识到钢结构住宅优越性的灾区农民主动自建起了钢结构房屋来居住，钢结构成为灾区人民重建家园的新选择。

第四章 云南山地新农村建设钢结构住宅结构设计

　　根据云南目前农村的实际情况来看，发展和推广钢结构建筑不是一步就能实现的，而是一个逐步发展、不断进步的过程。首先应发展适合各地实际情况的、适用性强的、经济性强的钢结构建筑，在此基础上，再不断进步。政府的政策导向更新与农民传统观念的转变是首要问题，农村不同于城市，政府作为管理者的观念和政策直接影响着农民的价值取向和行为，农民的观念也深受他们的影响。农民建房主要是资金的问题，资金不充足将会严重制约钢结构农村住宅的推广。所以，银行应同钢结构农村住宅的生产企业联手，支持农民分期付款购买钢结构住宅。技术的支持是发展钢结构建筑的必要条件，设计、技术人员要搞技术下乡活动，为钢结构农村住宅的生产企业提供技术服务。作为建筑生产企业要先发展钢骨架、辅助板材，同时也要开发配套设施及装修项目。

第一节　钢结构住宅结构设计概述

钢结构具有许多优点。首先，重量轻、强度高。用钢结构建造的住宅重量是钢筋混凝土住宅的 1/2 左右，可满足住宅大开间的需要，可将使用面积比钢筋混凝土住宅提高 4% 左右。

一　结构体系

对低层、多层住宅，目前国内外常用的结构体系主要有以下几种。

1. 冷弯薄壁型钢体系

构件用薄钢板冷弯成 C 形、Z 形构件，可单独使用，也可组合使用，杆件间连接采用自攻螺钉。这种体系节点刚性不易保证，抗侧能力较差，一般只用于 1～2 层住宅或别墅。

2. 框架

目前，这种体系在多层钢结构住宅中的应用最广。纵向、横向都设成钢框架，门窗设置灵活，可提供较大的开间，便于用户二次设计，满足各种生活需求。钢框架考虑楼盖的组合作用，运用在低层多层住宅中，一般都能满足抗侧要求。但是由于目前框架柱以 H 型钢为主，弱轴方向梁柱连接的刚性难以保证，因此设计施工时须慎重处理。

3. 框架支撑体系

在风载或地震作用较大区域，为提高体系的抗侧刚度，增加轴交支撑或偏交支撑可以达到较好的效果。这种体系为多重抗侧体系，梁柱节点、柱脚节点可设计成铰接、半刚接，施工构造简单，体形较小，成为人们青睐的对象。

4. 框架剪力墙体系

在低层、多层住宅中，可以应用传统的剪力墙体系，如钢筋混凝土剪力墙或钢板剪力墙。目前正在研究的空腔结构板是一种理想的抗侧结构。空腔结构板是一种新型的轻质板材，是用黄纸制成具有众多等边空腔结构的板状基架，然后将该基架进行浸渍的方式形成的结构板材。该板材与钢框架可靠连接，便可形成新型剪力墙。另外美国、澳大利亚等国还开发了交错桁架体系，也比较新颖。

二 主要构件设计

1. 柱

钢结构住宅一般为大开间，框架柱在两个方向都承受较大的弯矩，同时应该考虑强柱弱梁的要求，目前广泛使用的焊接H型钢或工字热轧钢截面，强弱轴惯性矩之比是 3：10，这种情况势必造成材料浪费。因此，对于轴压比较大、双向弯矩接近、梁截面较高的框架柱采用双轴等强的钢管柱或方钢管混凝土柱是适宜的。对于方钢管混凝土柱，不仅截面受力合理，可以提高框架的侧向刚度，防火性能好，而且结构破坏时柱体不会迅速屈曲破坏。因此，在平面受力结构中，选用 H 型钢或工字钢还是合理的，总体上，箱形钢管柱尤其是方钢管混凝土柱应得到广泛应用。方钢管混凝土柱将是钢结构住宅发展的主要方向，但由于缺乏相应的规范，目前在住宅中应用的较少。尤其钢管砼梁、柱的连接较为复杂，不利于工厂制作和现场施工，在这个方面应加大开发研究的力度。

2. 楼盖

在多层轻钢房屋中，楼盖结构的选择至关重要，它除了将竖向荷载直接分配给墙柱外，更主要的作用是保证与抗侧力结构的空间协调。另外，从抗震角度来看，还应采用相应的技术和构造措施减轻楼板自重。常用的楼盖结构有：压型钢板—现浇混凝土组合楼板、现浇钢筋混凝土板以及钢—混凝土叠合板，第一种最为常用。目前，在进行多层轻钢房屋整体分析时，大多没有考虑楼盖与钢梁的组合作用，即使设置抗剪键，也会保守地假设钢结构承受全部荷载。这样不仅增加了材料用量和结构自重，而且会造成对强梁弱柱的不利影响。以一个六层住宅为例，考虑楼盖组合作用对梁的刚度以及结构整体刚度的影响，计算表明，组合作用后主梁的刚度大大增加，使梁的挠度和地震作用下柱顶的侧移大为减少，此考虑组合作用值得关注。为使楼层高度减到最小，提供更大的空间，组合扁梁楼盖也成为一种趋势。

3. 支撑体系

支撑分轴交支撑和近年发展起来的偏交支撑，前者耐震能力较差，后者在强震作用下具有良好的吸能耗能性能，而且为门窗洞的布置提供了有利条件，目前国内普及率还较低，建议在高烈度区首选偏交支撑。剪切型耗能梁段，加劲肋按以下公式设计：

$$a = 29tw - d / 5，（\gamma p = \pm 0.09rad）$$
$$a = 38tw - d / 5，（\gamma p = \pm 0.06rad）$$
$$a = 56tw - d / 5，（\gamma p = \pm 0.03rad）$$

其中，a 表示加劲肋间距，d 表示梁高，tw 表示腹板厚度，γp 表示塑性转角，弯曲型耗能梁段还需在梁段端点外 $1.5bf$ 处加设加劲肋，钢结构组合详情如图 4 - 1 所示。

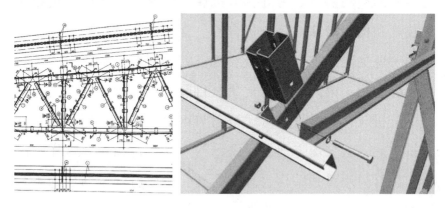

图 4 - 1　钢结构组合详情

4. 节点抗震设计

框架梁柱节点一般采用两种连接方法，根据"常用设计法"，即翼缘连接承受全部弯矩，梁腹板只承受全部剪力的假定进行设计。震害表明，这种设计不能有效地满足"强节点弱杆件"的抗震要求，在高烈度区隐患很大。改进框架节点设计，在梁端上下翼缘加焊楔形盖板，或者将梁端上下翼缘局部加宽盖板面积，或加大翼缘截面面积，具体情况主要由大震下的验算公式确定。公式中，为基于极限强度最小值的节点连接最大受弯承载力，全部由局部加大后的翼缘连接承担。

三　钢结构住宅存在的几个问题

1. 一些钢结构住宅的设计不是以建筑本身为主，因此，开发出来的住宅居住不太方便

目前，在钢结构住宅的开发中，往往只重视钢结构的结构问题，以结构专业为主，不太重视功能的需要，这是一种误区。无论是何种结构的建筑，农民关心的不是用什么来结构，而是该结构的房子布局是否合理，住在里面是否舒适，该房屋是否实用，功能是否齐全。所以一栋钢结构住宅能否有市场竞争力，能否被用户（农户）所认可，最终取决于钢结构住宅是否美观、经济合理，即"质优价廉"。住宅应该关注的是人，设计要以人为本。钢结构住宅的侧重点是住宅，而不是钢结构。因此，农村钢结构住宅开发设计的核心是农户，设计师要以方便农户的生活使用为准则，要遵循建筑设计的规律，更多地关注其在建造价格、使用功能、建筑效果以及节能环保等方面的完善措施。

2. 钢结构住宅的配套设施和围护结构的材料不完善

钢结构住宅体系是一个综合的、复杂的技术体系，它涉及墙体材料、屋面材料、厨卫系统、管线系统等一系列配套体

系。这个体系中最突出的问题是外墙结构体系。现有的墙体材料性能和安装方法很难满足钢结构住宅在防热、保温、通气、防渗以及耐久性等方面的要求。另外，连接的配件及方法也不完善，实际使用起来很不方便，很难在农村进行推广。

3. 钢结构住宅要求应用大量的新技术，目前这方面的人才还比较缺乏

目前，云南专门研究钢结构住宅的人员较少，大多数设计和施工单位在传统结构体系方面比较专长，而在钢结构住宅方面相关的人才比较缺乏。由于我国钢结构住宅尚处于开发阶段，施工技术工人更是奇缺。培养技术人员是发展钢结构住宅的重要环节。

4. 全国没有统一、系统的推广钢结构住宅的方式方法

全国钢结构的研究工作缺乏良好的沟通机制和平台，经验不能很好地借鉴、传承，缺乏良好的经验推广机制。钢结构住宅总的发展规范力度还不够，比较乱，政府的相关部门在总结经验和规范推广方面做得很不到位。

5. 宣传力度不够，与地产商的联系不够

大多数人认为钢结构住宅要比钢筋混凝土住宅贵得多，不敢采用钢结构住宅。其实，这是一个误解。钢结构住宅和其他住宅比较，一般情况下造价并不高，与混凝土结构基本持平，它的使用面积会增加不少，一般可增加5%，综合造价还是比较低的。

钢结构住宅建筑的最大优势在于可以工厂化生产，形成产业化的发展模式，因此设计上的标准化、模块化更能促进钢结构住宅体系的产业化。钢结构的结构构件、连接节点的标准化

设计便于进行工厂化和机械化生产，模块化的设计又能促进安装速度的提高。构件不只是单柱、单梁的工厂生产、现场拼装，而是按模块化的设计形式，把住宅中一户或一个单元作为一个部件进行设计、生产，部件可以采用工厂化生产（采用零件工厂化生产、部件现场拼装），这种方式的优点在于提高了工厂化生产的程度，农户只要按要求现场进行拼装就可以了。特别是在农村缺少钢材焊接的基本设备和条件的情况下，房屋的构件全部采用工厂焊接，由工厂进行工厂化操作，焊接质量容易保证，现场拼装全部采用高强螺栓连接，这样不仅解决了农村不具备焊接条件和技术的问题，避免高空焊接造成的质量隐患，而且从根本上解决了农村住宅建筑施工、用材不当、建筑质量不佳、事故隐患多等一系列问题。此外，工厂集约化生产还大大降低了成本，实实在在地解决了农村住房建筑成本较高的问题。

第二节　钢结构配套的相关技术

一　砌块的设计创新——"高压生土卯隼砖"

国内引进小型硅空心砌块建筑技术始于 20 世纪 30 年代，上海市延安路建造了 25 幢别墅，采用厚的硅空心砌块与硅空心砌块复合砌筑，两墙之间用钢筋网片连接，至今仍然完好无损。20 世纪 90 年代以后我国的南方地区对此种形式的建筑推广较多，近几年除四川、广西、云南、广东以外，上海、北京、天津、沈阳也开始推广硅空心砌块。目前，研究开发轻质保温整体外墙板，可采用一个房间的外墙作为一块墙板，这样可以减少小块墙板拼装产生的接缝所带来的裂缝、渗漏等问题。

从节能角度考虑，硅空心砌块自身的保温隔热性能不如实心黏土砖，小型硅空心砌块在炎热的南方要解决隔热的问题，在寒冷的北方要解决保温的问题，这一点尤为重要。目前，在国内推广应用较多的是轻骨料硅空心砌块，如在东北推广的浮石硅空心砌块、火山渣硅空心砌块、陶粒硅空心砌块、粉煤灰珍珠岩硅空心砌块等，只能应用在框架结构上，不能承重，墙的饰面必须用粉刷或贴面砖来解决，在应用过程中硅空心砌块的墙体易出现开裂和漏水现象。

砌块因为与砖构件有着相似的形态及施工方式，被认为是替代砖的较好选择，在农村住宅建设中与原先的砖混施工工艺类似，可以作为短期内的过渡产品来使用。但是因为砌体的物理指标，尤其是热工性能上与砖存在一定差距，砌体生产不像砖的生产那样门槛较低，对生产工艺有一定要求，要受产地原料的限制，所以砌块真正替代砖还需要一段时间。对砌体技术深化研究，增强其在农村的实用性是项目研究的重中之重。

我国广大西南地区的农村，自然资源丰富，先祖们在过去的千百年间，遵循当地的资源、气候、地理条件，摸索总结出一系列因地制宜、就料施工的传统住宅的建造方法。其中，遍及云南和四川南部农村的夯土农宅，便是一个典型的例子。夯土农宅以木板作为模板，先在里面填灰石或者黏土，然后一层一层地用杵夯实修筑而成。千百年来居住在这里的人们靠着土墙遮风挡雨，繁衍生息一直到如今。

冬暖夏凉是夯土农宅的最大优点，就地取材，造价低也是其一大优点。用现代的眼光看，这种房屋是很环保的一种建筑，其使用材料很天然，不像石头或者有些种类的瓷砖会有辐射。夯土墙的材料是黄泥或者稻田泥，夯土墙对泥土没有太高的要求，黄泥含量过高，墙壁容易出现裂缝，黄泥含量过少，黏性就会不够。还有一种补墙的泥叫细泥，为了改变其形状，建造时加入沙子以防止墙体开裂。为了提高强度，古代有人在泥土里掺稻草末、红糖水、石灰和糯米浆等，和红糖、糯米、石灰一起夯筑而成的墙称作三合土，其强度非常好。

夯土材料容易取得，便于施工。因为主要材料为泥土，所以夯土房屋的材料可谓用之不竭，可以灵活地建造成很多不同的形式，坚固耐用且造价低。因为材料来源丰富且易得，建造夯土房所需的投资仅为砖砌体结构民房的 25% ~ 30%。通过采取合理的措施，夯土房墙体的坚固性可以大大提升。

节能、绿色、环保、现代的砼砌块砌体、砖砌体结构，是以大量的能源消耗为代价建立起来的，这种砌体结构带来了一系列的环境问题和资源短缺问题。将夯土材料和现代的砼砌块技术结合起来，不但解决了材料来源的问题，而且综合了所有技术的优点，云南财经大学马关设计团队经过反复论证实验，整合借鉴多项成熟技术，发明了"高压生土卯隼砖"（如图

4－2），也就是利用农户建房平挖地基或老房土基拆下的生土，添加土壤固化剂，再加入辅助材料——卯隼结构和模具等，用物理加压的方式，形成卯隼结构的砼砌块砌体。这样一来，不但解决了砌体强度、质量的问题，而且卯隼结构的砌块还解决了施工的技术问题，就地取材、就地加工，人人都能砌墙，成本只是传统砼砌块砌体、砖砌体的1/3。支砌时不需要专门技术，人人都可以进行，大大降低了用工成本。

图4－2　高压生土卯隼砖

1. 土壤固化剂的固化原理

国外先进国家如日本、美国、德国、澳大利亚等，早在二十年前就开发出各种固化剂技术并广泛应用于大地工程及环境保护工程，使大地土木施工技术的革新及环境污染的防治都有了重大的突破。这种技术经济效益极高，长期稳定，无二次公害，从根本上减少了社会发展过程中许多无形的社会成本，是环境建设领域的发展方向。

一般土壤中除硅元素外，还含有金属化合物，如镁、钠、钙、铝等盐类，易吸收水且溶于水。这些成分渗入水泥中，发生水合反应时极易与水泥产生相互的"抢水"作用，破坏水泥应有的结晶规则，使水泥不能发挥作用。因此，如果水泥与土壤混合，那么必须控制上述"抢水"作用产生时所形成的化学干扰。

土壤工程固化剂就是依据上述原理发明的，类似一种触媒作用的产品。它可减弱土壤所含盐类中金属元素的正电位，使"抢水"作用消失，以保护水泥在水合反应中所形成的结晶规则，使水泥与土壤混合后发生水合反应，迅速生成钙矾石（$3CaO \cdot Al_2O_3 \cdot 3CaSO_4 \cdot 32H_2O$）。因钙矾石是一种针状结晶，可使土粒子间相互架桥，使土壤固结。又因水合作用产生硅酸钙水和物（C – S – H），使钙矾石子的架桥更加强固。土壤固化前后对比情况如图 4 – 3 所示。

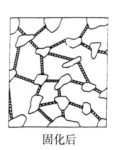

固化前　　　　　　　　　　固化后

图 4 – 3　土壤固化前后对比情况

2. 土壤固化剂相关技术参数

（1）固化工法参考配比。土壤 90% ~ 95%，水泥 5% ~ 10%，土壤工程固化剂 TON01% ~ 0.3%，含水率控制在 10% ~15%。因土壤（或污泥）性质不同，上述材料的实际用量应以现场取样做试验时的用量为主。经固化滚压碾实的路基，依 ASTM D1633 试验，结果为：

材龄3天，单轴抗压强度达1MPa（10kg/cm²）以上；材龄28天，单轴抗压强度达3MPa（30kg/cm²）以上；生土砖10cm×10cm×20cm，加压60吨，材龄17天，单轴抗压强度达8MPa（70kg/cm²）以上。

（2）固化处理添加量与单轴抗压强度之间的关系。不同土壤性质在不同含水率的条件下，经土壤工程固化剂固化处理后的固化试验（材龄7日，20℃）结果也有所不同，如图4-4、4-5、4-6所示。

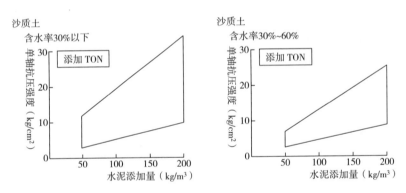

图4-4　不同含水率的条件下沙质土固化试验结果对比

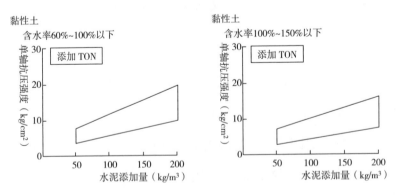

图4-5　不同含水率的条件下黏性土固化试验结果对比

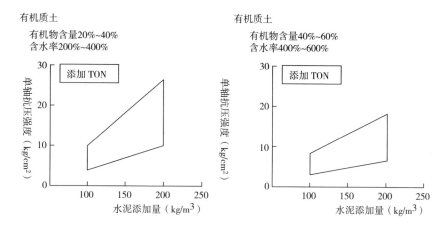

图4-6　不同含水率的条件下有机质土固化实验结果对比

（3）固化处理土单轴抗压强度与 CBR 值的关系。以道路路基为例，不同条件下的对比结果如图4-7所示。

道路路基改良例①

土壤湿润密度：1.810t/m³

土壤含水率为：29.80%

土壤种类：沙质土

道路路基改良例②

土壤湿润密度：1.598t/m³

土壤含水率为：52.60%

土壤种类：沙质土

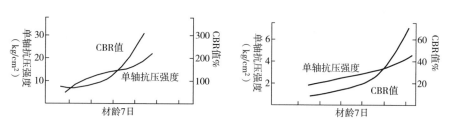

图4-7　含水量不同的两段路基，旧龄取样对比

（4）固化处理土的耐冻结性。沙质土、含泥沙质土的耐冻性对比，如图4-8所示。

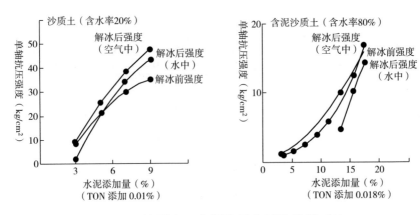

图4-8　沙质土、含泥沙质土耐冻结性对比

（5）固化处理土的透水性。土壤工程固化剂固化处理土壤的透水系数极低，不但可以充分满足建筑砌块的需要，还可作为垃圾掩埋场、人工湖或游泳池的不透水层。土壤固化剂处理后的沙质土、沙质泥土和黏性土透水性对比，如图4-9所示。云南省低丘缓坡建设开发综合适宜性评价指标体系，见表2-1。

表2-1　云南省低丘缓坡建设开发综合适宜性评价指标体系

单位：g/cm³，%

序号	名称	湿润密度	含水比	粒　度		
				砾分	砂分	黏土分
1	沙质土	1.823	21.0	4	64	32
2	沙质泥土	1.728	44.6	2	41	57
3	黏性土	1.501	65.6	0	34	66

3. 具体实践

"高压生土卯隼砖"砌体，不但充分利用农户建房平挖地基或老房土基拆下的生土，而且可以利用农村的天然资源，如

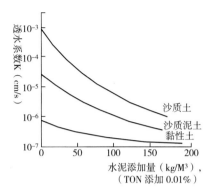

图4-9　土壤固化剂处理后的沙质土、沙质泥土和黏性土透水性对比

塘泥、稻草、碎砂石等可再生资源，大大地降低了对生态系统的破坏程度。高压生土卯隼砖示范推广，如图4-10所示。利用土壤固化剂技术（土壤固化剂加辅助材料）提高传统夯土（生土）的强度，通过钢结构解决房屋整体的建筑结构和农村住房建造的无序性、质量无法保障的问题，可以有效地提高山地农村居民的居住环境质量，传承传统民居文化，对新农村建设的可持续发展有着非常重要的意义。

图4-10　高压生土卯隼砖示范推广

二　小波纹压型钢板组合楼板

随着项目的实施，设计团队研究开发了一种新型的、与钢结构建筑相适应、能够采用工业化生产，同时又能适应山地农村住宅建筑使用要求的组合楼板形式——小波纹压型钢板组合楼板。具体采用 0.4～0.6mm 厚的镀锌钢板压成型，波纹肋高一般在 5～10mm，这种压型钢板造价低，可作为施工模板使用，且不考虑结构受力，这种压型钢板与主体钢结构连接的整体性好。现浇板钢筋，根据使用阶段的强度要求，计算出配筋量，采用工厂化生产方式，将钢筋与压型钢板焊接成型，工地安装后，连续板支座处进行现场绑扎支座负筋。这种方式减少了现场绑扎钢筋的工作量，提高了工厂化的加工程度，满足了钢结构建筑施工速度快、有多层楼板需要同时浇注的要求，同时又降低了结构的高度，增加了建筑的可利用空间，钢筋与压型钢板的工厂化成型又满足了小波纹压型钢板在施工阶段的强度要求。楼面结构配置如图 4-11 所示。

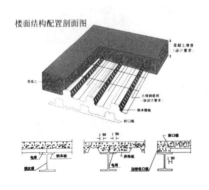

图 4-11 楼面结构配置示意

三　万能托架

普通现浇砼楼板常规施工方法与钢结构建筑的快速施工、多层同时浇注不相适应，为解决这一矛盾，设计团队实验开发了一种支撑模板采用的万能托架。这种托架的长度可以调整，两端与 H 型钢梁紧固连接，拆装方便。

以上这些技术的配套研发，为在农村推广自廷施工模式，从技术上提供了保证。通过实践，农村两层半的建筑，建造成本可降至每平方米 500 元以内。这在降低农村建筑建造成本方面取得了重大突破。

四　建筑外观和文化元素植入

很多人以为建筑就是外观设计和室内装修，就像外行看一辆车，只知道外形好不好看，却不知外形、内饰、空间和性能是一个整体的平衡。

山地农村传统建筑坡屋面除了造型美观之外，还可以增加房屋的空间，拉大房间与日照点之间的距离，减少热量累积。这对于云南这个日照时间长的地区来说是非常有利的。云南山地新民居建筑除了使用上述的新模式建设外，还应该结合传统民族地域建筑的坡屋面进行设计和运用。采用的坡屋面造型就是传承传统建筑艺术的一种方式，使现代村庄具有一种古朴的气息，让古老的建筑文化得以延续。建造时可以根据农户的经济能力设计、配置出不同结构的坡屋面。经济条件好的家庭可以做成混凝土贴坡纹瓦的坡屋面，亦可以在混凝土坡屋面上粘贴传统的小青瓦。混凝土与小青瓦的结合不但可以提高小青瓦抵抗冰雹、强风等自然灾害的能力，而且有利于对原有材料的再利用，同时还可以保留传统建筑坡屋面鳞状瓦块的建筑样式和装饰美感。对经济条件一般的家庭可以设计成更传统一些的坡屋面，即模仿传统干栏建筑和"一颗印"建筑的主要梁柱结构，省去不必要的梁和柱，在主体建筑之上用钢结构架设坡屋面的框架，然后按阶间铺上桁条和橡皮，上面覆盖小青瓦。

此外，新农村民居建设与干栏（木）艺术建筑样式的融合，在新建的建筑外面用拆老房子留下的旧木料，按传统木结构的样式进行装饰。

木结构是云南山地传统民居的显著特征，新民居建设融入传统木结构，虽然不可能也不必要像传统的干栏民居那样采用大柱、排架式、斗拱的结构，但木材料的适当应用，是新民居建筑和传统干栏、"一颗印"民居建筑相结合的一种体现。例如，第二层以上的楼板用钢结构和混凝土结构，在钢、混凝土横梁上铺设干栏式民居的传统的木地板，房屋内部隔墙的装修也全部采用木板，楼梯扶手、栏杆也采用木质材料。其建筑思路是钢结构做框架，木结构做装饰，达到彰显两种材料优点的目的。乡村建筑木结构装饰如图 4 - 12 所示。

结合云南民族的传统生活，新农宅的建筑特色还可以体现在一楼圈养牲畜，二楼以上住人的传统习惯上。这种习惯在旧

图 4 – 12　乡村建筑木结构装饰

式的干栏民居中是不符合卫生要求的，主要是因为一楼与二楼之间的楼板不是封闭的，一楼牲畜的粪便臭味和细菌可以直接传到二楼，影响人的健康。新农村民居建筑除了一楼与二楼之间的楼板是钢筋混凝土之外，还可以把一楼的地板做成水泥地，并设置排水沟，牲畜的粪便可以直接排到化粪池或沼气池中。

随着农村自来水工程的建设和一些新技术（人、畜粪便液渣分离技术等）的应用，一楼圈养牲畜造成的卫生隐患的问题将成为历史。农家经验介绍，家禽家畜要和人类近距离接触，要有"人气"才有利于其生长，这里所谓的"人气"更多的是指方便管理。因此新农村民居建筑在功能划分上应尊重这种人类和牲畜共住一栋楼的民族习俗。

　　综上，云南财经大学设计团队结合云南山地农村的实际情况，总结出了一套符合云南山地农村的建房模式，就是把住宅中一户或一个单元作为一个部件进行设计，房屋的构件全部采用工厂焊接，由工厂进行工厂化操作，农户现场互助组装，利用农户建房平挖地基或老房土基拆下的生土压制卯隼结构的砼砌块自建房屋，摸索出了一套易于操作、成本低、农户上手快、有效保护云南山地农村建筑特色、推广简单、受广大农户欢迎的农村建房模式。

第五章　云南山地农村经济发展研究

近年来，在建立社会主义市场经济体制，国民经济全面向社会主义市场经济转轨和经济高速增长的宏观背景下，农村经济得到了很大提高，目前，农村经济发展的基本特征主要表现在以下两个方面。

第一，中国农业经济体制改革使农业经济运行的宏观政策背景发生了较大变化。这突出表现在市场农业的发育以及市场机制对农业调节作用的增强，传统农业正在向高产、优质、高效的现代化农业转变，农业内部结构向合理化方向调整。

第二，在农业结构调整、农业稳定增长的同时，乡镇企业高速增长。经济的调整增长对推动农村经济和整个国民经济增长以及提高农民收入水平等方面发挥了十分重要的作用。

农村经济是我国国民经济的重要组成部分，在我国的经济发展中具有十分重要的作用。农村经济发展不仅解决了中国几亿农村人口的基本生活问题，而且对世界农村的发展也做出积极的贡献。农村问题的解决对当前社会主义新农村建设也将产生有益的启示和有效地推动，只有农村经济发展好了，全国人民的小康生活的实现才会有普遍性，可见农村经济的发展，作用巨大、意义深远。

第一节　云南农村经济发展的整体特点及存在问题

一　整体特点

随着云南农村经济体制改革的不断深化，农村经济发展一直相对平稳。农村经济多年发展的成果表现为以下几点。

1. 经济主体趋向多元化

大部分的生产资料掌握在农户手里，一些农户开始掌握一定的生产经营权，开始以商品生产者和经营者的身份出现，并具有独立财产权和经营权。对于农村的集体所有制企业，生产资料和产品主要由集体控制并拥有，企业的经营计划和生产经营活动主要由集体来决定，国家的控制变得越来越弱。此外，农村还出现了很多个人企业和"三资"企业，这些企业为了实现其独立的经济利益，对行使商品生产经营者的主权有很高的要求。

2. 农村经济成分与产业结构逐渐转向多元化和复合模式

随着经济体制的不断改革，农村原有的自然经济逐渐转变为商品经济，农村经济原有的单一经济形式已逐渐转变为多种经济形式，单一的经济结构也变成了一体化经营的复合经济结构，以公有制为主体、多种经济成分并存的新格局逐渐形成。

3. 农村经济关系开始走向市场

随着市场经济的不断发展，原来计划经济下的指令性特点逐渐消失。农村社会的生产经营活动已经逐步市场化，完全由市场经济的市场机制、价值规律来自由调节，并由市场去优化配置农业的各种资源。

二　存在的问题

1. 农村和农业结构矛盾依然突出，农业产业化程度不高

表现在以下几个方面。一是落后的思想观念是农户进入市场、改善生活的障碍，部分农民延续过去计划体制下的习惯，思想保守，在需求资金项目上希望政府给予扶持，"等、靠、要"思想严重。二是种植结构单一，优质产品的比重依然很低，高效经济作物的面积较小，科技扶持的力度不够，农产品附加值低，市场竞争力不强。三是林牧业在农业总产值中的比重不高，农村的二、三产业发展缓慢，主导产业的优势没有发挥，辐射带动能力不强，这导致农民经济发展和农民收入增幅较慢。

2. 基层债务负担重，是制约经济发展的一个重要因素

近年来，由于种种原因，乡村两级债务负担越来越重。实施农村税费改革后，规范了农村税费关系，减轻了农民负担，

但农村基层又面临着两个新情况。首先，税费收入的路子断了，财政收入继而减少，造成已负债累累的乡级财政雪上加霜，机构运转困难且自身支出得不到保障，对农村经济和社会事业的发展造成极大阻隘。其次，各村失去了原来的村提留收入，又没有其他创收的渠道，随之而来的是村里公益事业无钱来办，偿还债务成了无源之水。基层债务不解决不行，解决起来又没有可施行的办法，处于"两难"境地。基层债务负担过重，导致发展经济投入的资金减少，农村经济负重挫伤了干部、群众做事、创业的积极性，出现了"有心干事、无力干事"的现象。

3. **农资涨价过快，幅度过高，延缓了农民致富的进程，近年由于农资价格上涨，在一定程度上使中央的涉农优惠政策打了折扣**

4. **劳务输出整体素质不高，农民工就业增收能力不高**

这一点主要表现在：一是获取市场信息和外出务工渠道狭窄；二是农民工收入偏低；三是农民工整体素质不高，应对风险能力较弱。

5. **农村社会事业投入不足**

这一点主要表现在：农村教育投入不够，部分学校还存在脏乱差的现象，农民科技知识和精神文化生活匮乏。

6. **农产品质量跟不上**

目前，随着云南省农村经济的不断发展，农产品供给出现了结构性、地区性和阶段性的过剩。市场农产品产量的增长速度过快，但是农业科技发展的滞后，人均资源匮乏，产品质量没有跟上，一直处于较低水平，造成大量产品处于积压状态。随着市场经济的快速发展，农产品质量的提高迫在眉睫，但云南对农业的科技投资严重不足，导致农业技术进步受阻，影响了农业经济的发展。

7. 农业产业结构布局单一

从总体上看，特别是改革开放以来，云南农业产业结构调整取得了巨大成绩，积累了不少经验，初步探索出一条符合云南实际情况的发展路子，为云南经济的发展奠定了坚实的基础。然而在取得成绩的同时，我们更应该清醒地认识到当前云南农业产业结构仍存在着许多问题，其中最主要的问题表现在四个方面。

（1）农业生产结构与市场需求结构的矛盾非常突出，供求机制和价格机制的作用使农业增产目标和农民增收目标不一致，根本的问题是农业面临农产品的品种结构和品质结构这样一个深层次的结构性问题。农产品品种不够丰富，优质农产品种类不足，不能满足市场对产品优质、优化和多样化的需求。所有这些问题，对农民增收和农业再生产产生了不利影响。

（2）农业各业和各业内部结构不合理，农业区域性结构雷同，地区比较优势未能得到充分发挥，特色经济不突出。长期受计划经济体制的影响，云南农业产业结构调整主要以政府的行政手段为主，农民的生产经营自主权没有得到充分体现。一些地方政府为了所谓的"政绩"，受局部利益、地方利益、短期利益的驱使，对当地自然条件、市场需求、技术水平考虑不充分，导致结构调整不能有效地遵循经济发展的规律，存在着"一哄而上""一哄而下"的现象。全省又缺乏统筹规划、分类指导、合理布局的发展思路，产业结构调整呈现趋同现象，产品特色不明显，重点不突出。例如烤烟，1978年全省有50%的县没有种植，到2012年全省安排烤烟的指导性种植面积达747万亩，一些不宜种烤烟的地区也在盲目种植烤烟。另外，如甘蔗、茶叶等也出现了类似的现象，在全省范围内形成的调整结构就是压粮增烟、糖的误导，为今后农业产业结构调整增大了难度。

（3）农业产业化经营发展缓慢，农业资源的综合开发利用率低，产业链条短，农产品以单一原料和初级产品的生产为主，附加值低，缺乏具有市场竞争力的知名品牌，抗御风险的能力低。云南省丰富的自然资源、多样的地形地貌、立体型的气候，为发展多样性的农业提供了较好的条件。但从当前产业结构调整的角度来看，一方面对现有资源的利用程度单一，缺乏综合利用的能力，许多草本、木本粮油作物和养殖业、林业未充分开发利用。另一方面对资源的利用仍处于粗放型经营和掠夺式开发的状态，深度、系列化开发的产业（产品）较少，许多产品均为初级型、原料型的中间产品，而不是具有高附加值的最终产品，即使进行调整，也只注重数量调整和微调，忽视了对市场体系和支柱产业群体的培育，"产、加、销"一体化、"贸、工、农"一条龙，能抵御市场风险能力的农业产业化经营方式发展缓慢。

（4）农业产业结构调整缺乏科技支撑，劳动者文化素质低、商品意识差，农业基本上还属于"靠天吃饭"的传统农业的状态。一方面，全省大多数地方的农业作业仍以手工劳动和畜力耕作为主，部分边远少数民族地区广种薄收、刀耕火种、散养猪牛的现象还存在；另一方面，云南农业科技贡献率仅为3.5%，低于全国平均水平7%，发达国家的农业科技贡献率一般都在70%以上。云南全省的科技投入排在全国第10位，科技产出率却排在25位之后，全省农业科技成果约有70%没有得到推广运用，发达国家农业科技转化率在60%左右。此外，农业科技队伍数量少、质量差，中、高级科技人员紧缺。以种植业为例，全省农村平均每5000人口和每5000亩耕地才有一名农技人员，远远不能适应发展优质农业的需要。

还有就是，广大农民受教育程度低，小学程度的人口占总人口的43.47%，15岁以上文盲半文盲人口占总人口的21.03%。更重要的是，农村劳动力大规模转移之后，大部分农村进城务工人员只能"城乡两栖、往返流动"。村里有才华、懂知识、懂技能的人大多外出务工，留守的只有儿童、妇女和老人。农村基层组织后备干部缺乏，党员干部严重老龄化。留守人员素质相对偏低，他们再学习的能力差，又承担了日常的主要农事活动，难于参与农村管理工作。这种情况严重制约了农业科技的推广和运用，这也是云南山地农村农业科技推广效果差，经济得不到很好发展的主要原因。

8. 农业对生产的投入严重不足

农村投资出现的问题，一方面是资金的限制，另一方面投资动力和优越的投资"技术"相对缺乏，投资引诱也严重不足。胆小和知识贫乏使农民生存能力弱、竞争意识差，导致其抗风险能力不高，因此农民通过投资来进行改善生活和生产条件的动力相对缺乏。总之，由于农业投资尤其是基础设施建设周期过长、规模较大、风险较高、赢利水平还相对较低，缺乏对市场资本的吸引力，致使很多投资者不愿意去农村投资。

第二节 云南农村经济发展的途径

"授人以鱼不如授人以渔"。物质扶贫能解一时之困，精神扶贫才可长期见效。精神扶贫，就是在资金和物资等方面精准扶贫助贫的同时，从精神层面教育、鼓励、培训扶贫对象，让他们通过改变观念，振作精神，实现勤劳致富，自立自强。解决云南农村经济发展中的一些重大问题，进一步深化农村改革，仅仅依靠过去的经验显然是不够的，还应结合云南省情。针对现阶段的农村经济体制的状况，对农村经济发展提出以下建议。

1. 加大对农村经济投入力度

政府要采取硬性的财政预算政策，保证农村经济发展的资金充足并准确到位。政府还要使农村信贷管理机制不断完善，加大农村信贷投入的力度，确定好支农资金的比例和额度，疏通供应渠道，确保资金及时到位，这样才能保证农村经济快速发展的资金的启动。另外，加大对农村商贸和农产品加工业的投入，使农产品价格改革不断深化，农产品价格进一步提高，国家能更合理地安排国民收入分配，使农民收入不断增加，促进农村经济持续发展。

2. 调整农村产业结构

要想使农业产量不断增加、农民收入不断提高，农村经济就必须紧跟市场经济的变化，不断调整和优化经济结构。首先要促进农业生产多元化，将各种农业资源进行整合并运用到农业发展中去，使各种农产品的产量得以增加。其次以市场为导向，根据市场需求生产各种农产品，同时还要提高农产品的质量，增强市场竞争力。

3. 加快农业产业化进程

目前，我国许多地方的农村经济已具备了推进农业生产适度规模经营的客观条件，下一步进行农村改革就是围绕市场和资源优势发展农业产业化。产业化可以帮助农产品抗御市场风险，增加农产品的附加值，解决农业效益比较低的问题，促进农业持续发展。产业化有利于农业科技的不断推广与应用，这种农业产业化是以市场为导向、以效益为中心的，因此，这种产业化必然推动农业生产方式由粗放型向集约型转变，使农业的生产效率与经济效益得到很大的提高。

4. 强化农村金融支持，合理选择农村金融模式

目前，我国的农村已经初步形成了以合作金融为基础，商

业金融、政策性金融以及民间金融相互配合为辅的金融体系。但是，近年来中国农村经济发生了很大的变化，农村地区的经济增长模式也产生了很大的分化：一是发达地区农村的城市化；二是部分发达和某些中部地区的农业产业化；三是大量中西部地区有竞争力的劳动力输出，只保留少量的必要劳动力在本乡本土从事农业；四是贫困地区的传统农业维持简单再生产。在这种完全分化了的农村经济发展模式下，采取完全一样的金融体制或金融模式显然已不适合农村经济发展的需要。因此，根据目前农村经济现状，应该采取不同的金融发展模式，把农村金融改革发展作为农村金融工作的重点，健全农村金融基础服务体系，充分发挥各类农村金融组织的作用，加快建立健全适应"三农"特点的多层次、广覆盖、可持续的金融体系。

5. 加大招商引资力度，推进工业化进程

工业化是振兴区域经济的必经之路，是实现跨越式发展的跳板和撑杆，"工业兴则乡兴，工业强则乡强"，这条经验已被许多地方的实践所证明，招商引资、资源共享则是加快工业化进程的有效途径。一方面要把发展非公有制经济作为振兴经济的突破口，坚持放心放手的原则，鼓励、支持个体和民营等经济在数量、规模、效益上取得突飞猛进的增长，努力培育一批年销售利润达到百万元甚至千万元的骨干企业。另一方面要加大招商引资力度，上大项目，大上项目。进一步优化经济发展环境，改善投资条件，整顿和规范市场秩序，创造良好的政

策、法制、服务和舆论环境。加大自我推介力度、立足优势，在资金、技术、人才等方面给予企业支持，拓宽企业融资渠道，解决企业在发展中遇到的困难和问题，促进非公有制经济沿着健康的道路发展。围绕发展壮大优势产业做文章，用先进技术提高传统产业，帮助其上档次、上水平，尽快打造竞争力强的骨干企业，形成优势，提高竞争力。

6. 强力推进城镇化，加快城乡一体化进程

"三农"问题，一直是阻碍经济发展、实现社会公平、实现农业现代化的问题之一。"三农"问题的解决，根本出路在于减少农民的数量，实现农村富余劳动力向城镇转移。专家认为，当农村人口数量下降至总人口数量的 25% 以下时，农村土地的价值才能够达到市场化的要求，农业土地集约化生产、规模化生产和专业化生产才能达到一定水平，农业的科技含量、服务水平和农业成本才会有大幅度的改善，农民的收入水平和整体素质才会有明显进步。大量吸纳农村剩余劳动力，只有靠实现城镇化战略、提高人口的素质和技能、创造就业机会才能够完成。城镇化有利于工业产业的聚集，有利于服务行业的成长，有利于农村富余劳动力转移。同时，城镇化为工业化提供载体，为农业产业化创造条件，城镇化进程的快慢，直接影响着经济发展的速度和质量。一是要建立多元化的投资机制，大胆将一些基础设施、公共事业的建设推向市场，做到政府出政策，市场出资金，走综合开发、滚动发展之路。二是加快发展小城镇。小城镇是统筹城乡发展、搞活经济发展的重要

载体。要搞好城镇定位，充分利用市场力量和市场机制，广辟投资、融资渠道，集中建设一批工业带动型、农业产业化型、资源加工型、商贸旅游型等各具优势和特色的小城镇。吸引非公有制企业在农村布局，使乡镇企业和城镇规划有机结合起来，发挥集体作用和辐射作用，综合利用资源，提高农村经济效益。

7. 做好对外劳务输出工作，培育新的经济增长点

牢固树立抓劳务输出就是抓经济，抓劳务输出就是抓增收，抓劳务输出就是抓就业，抓劳务输出就是抓开放的观念。积极做到"五个加强"，推进劳务输出工作。一是加强组织领导，建立劳务输出网络。健全乡村劳务输出机构，负责收集劳务输出信息并定期发布、组织劳务培训和劳务输出、开展职工介绍等工作。二是加强市场建设，提供信息服务。严厉打击非法职介机构，坚决取缔"黑中介"，维护广大群众的合法权益。三是加强技术培训，提高务工人员的素质和劳务技能，提高其就业增收能力。四是加强教育引导，保证外出务工人员的有序流动，避免盲目外出、无功而返，变无序输出为有序流动。五是加强跟踪服务，掌握务工人员的思想、工作、生活情况及用工单位的意见和要求，稳定输出队伍，加强对外出人员回乡创业的引导，就近消化转移农村富余劳动力。

8. 落实中央在农村的各项政策，促进经济发展和农民增收

一是加强农村各项事业建设的投入力度。要不断改善办学条件，提高农村教育质量，对贫困家庭的学生实行教育救助。

继续搞好农村合作医疗，提高农民参加率，扩大合作医疗的覆盖面。发展农村卫生事业，改善农村医疗条件，解决农民看病难的问题。加强精神文明建设，开展科技、卫生、文化"三下乡"活动，传播先进文化，丰富农村精神文化生活，改变农村面貌。二是通过工业化、农业现代化、城镇化等，实现经济的多元化，广开创收渠道，化解基层债务，增加财政收入，加大对经济发展的投入力度，调动干群干事创业的积极性，加大对农资市场的监管力度，严厉打击投机行为，完善农资流通渠道，降低农资价格，切实给农民减负。三是稳定农村土地承包关系，落实涉农优惠政策，保障农民的合法权益，保持社会大局的稳定。

第六章　云南山地农村环境卫生治理

云南农村地区有句俗语："晴天走路满身灰，雨天走路一身泥。"走在村庄的道路上，随处可见堆砌物，道路大都未硬化，大部分路面坑坑洼洼，路旁杂草丛生。凹凸不平的乡间土路在很大程度上制约了当地的发展。不发达的交通道路是亟待解决的问题。村镇普遍存在较严重的卫生问题，生活废水肆意排放。在社会如此进步的今天，那里农民的如厕方式依旧很传统，蚊蝇大量滋生。村中池塘本来就很少，又被生活垃圾严重污染，这种情况不仅影响了环境的美观，而且还可能影响井水的水质。

在新农村扶贫攻坚的今天，农民们纷纷盖起了新房，但村镇的环境并未改善。很多农民只顾自家住房的建设，对室外的道路环境和公共设施建设等没有投入，造成了村镇的无序发展。很多村庄的外部环境很差，杂草丛生，垃圾乱堆的现象随处可见，脏乱的环境和新建的住宅形成了极大的反差。虽然新建的"小洋楼"已经成为农村的潮流，但是当地没有相应的建设规划和控制措施，"室内现代化，室外脏乱差"的局面仍然影响着农村的发展及形象。

　　环境"脏、乱、差"直接影响着农村的环境质量和农民的生活质量，农民改善环境状况的意愿日益强烈。农村环境卫生的整治是重要的民生问题，事关农业的可持续发展、农民的切身利益、农村社会的和谐稳定。农村环境卫生的整治是社会主义新农村建设的重要内容，也是统筹城乡发展的必然要求，对于改善农民居住环境，提高农民生活质量，提升农民健康水平有着十分重要的意义。中共中央、国务院在 2005 年 12 月 31 日发布的一号文件中明确提出了建设社会主义新农村的重大历史任务，要求按照"生产发展、生活富裕、乡风文明、村容整洁、管理民主"的 20 字方针，协调推进并尽快改变农村生产、生活条件和农村的整体面貌，进一步加快社会主义新农村建设。农村环境卫生的整治面临许多问题和困难，解决这些难题，坚持不懈地做好农村环境卫生工作，任重而道远。

第一节　云南山地农村环境卫生问题及危害

　　党的十一届三中全会以后，农村经济快速增长，社会各项事业全面进步，人民生活水平不断提高。但与城市相比，农村居住环境的建设还相对滞后，村民的环境意识相对薄弱。

一　农村环境卫生问题的表现

　　目前云南绝大多数农村中普遍存在"脏、乱、差"现象。

具体表现在如下几个方面。

1. 垃圾随处乱丢

由于受传统陋习和落后观念的影响，很多村民存在随地乱丢垃圾的不良习惯。垃圾或被丢在村前的鱼塘边，或被丢在村前的路边，或被丢在屋前屋后的空地上。过去村里用于演戏、放电影、开村民大会的空旷场地，现在成了倒垃圾的场所。垃圾经日晒雨淋，变得臭气熏天，村民无不掩鼻而过，这是很多农村卫生状况的一个缩影。

2. 建筑余物乱堆乱放

目前不少村民的新屋建成后，由于缺乏自觉性、缺乏管理和监督，废弃物没有及时清理，乱堆乱放，有的一放就是半年、一年甚至几年，既影响村容村貌，又妨碍交通。

3. 露天厕所建在村前屋后

由于历史、习惯、观念的原因，不少农村的厕所建在鱼塘边或村前屋后，部分还是露天的，虫蛆乱窜，臭气难闻。

4. 住宅与禽畜圈舍混杂

目前，除了养猪大户外，多数农户也会养上几头猪，但多数猪舍都是建在屋前或屋后，楼下养牲口，楼上住人，猪的粪便、冲洗猪舍的污水，均排入露天排水沟，极不卫生，易滋生细菌。部分村个别农户的牛栏也建在屋前或屋后，苍蝇乱飞。村民养的狗和家禽（如鸡、鸭、鹅），大都没有圈养，狗粪和禽粪随处可见。

5. 村中坑渠污水横流

绝大多数村里的坑渠都是明渠，家家户户排出的生活污水直接流入村中鱼塘或小河小溪。不少村的坑渠，由于疏于管理，造成垃圾堵塞，臭水长期积压，滋生的蚊虫到处乱飞，环境既难看又难闻。

6. 现代工业产品的使用，使农村的生活垃圾正日益"城市化"，但农民生活习惯还没有改变

一些年长的农民说，过去种田时，往牛栏、猪圈里铺稻草，一年三五回，大家争着将牛、猪的粪便挑去田里当肥料，就是在路上见了猪粪也要捡回去当肥料，现在这些活都没人干了。例如运农家肥、运秸秆、挖淤泥、除草等基本没人干，出现了"家家户户忙挣钱，不问怎么种好田"的局面。

农村上述"脏、乱、差"现象的存在，造成了村容不整洁、滋生"四害"（蚊子、苍蝇、蟑螂、老鼠）、传播疾病、污染环境、严重影响村民的身体健康的问题，这种落后的卫生环境必须结合社会主义新农村建设尽快改变。民间流行的顺口溜夸张又形象地反映了乡村污染日趋严重的过程："六十年代淘米洗菜，七十年代饮水灌溉，八十年代水质变坏，九十年代鱼虾绝代，到了今天，癌症灾害。"

二 造成农村环境"脏、乱、差"的根本原因

1. 村民环境卫生意识差

长期以来，受传统习惯和落后观念的影响，缺乏宣传教

育，云南农村村民的公共卫生意识和环保意识普遍比较差，与城镇居民有一定的差距。村民不但乱丢垃圾，乱放杂物，而且对村中的"脏、乱、差"现象长期视而不见，这种观念和陋习与建设社会主义新农村的要求是格格不入的。

2. 管理机制缺失

一是村级没有公共卫生管理机构，卫生问题长期无人抓、无人管、放任自流。二是缺少一支公共卫生保洁队伍。三是缺乏先进科学技术的指导。

3. 资金投入缺乏

云南多数村虽然搞了村级公路硬化建设，解决了村民"行路难"的问题，村民出行环境有所改善，但长期缺乏资金投入，农村环境卫生"脏、乱、差"的现象依然存在。同时，县、乡两级政府对农村环境卫生建设长期缺乏应有的资金扶持。

4. 少数乡、村干部的思想认识还没有真正到位

少数乡村干部认为环境卫生工作都是上级政府的责任，与己无关，甚至认为搞环境卫生工作吃力不讨好，只有付出，没有收益。这些观念导致少数乡、村干部表面应付、得过且过的工作态度，甚至对环境问题熟视无睹，不愿花大力气改善环境卫生。

三　主要危害

1. 直接导致农村环境质量恶化，影响人们的身心健康及生活质量

垃圾成堆不仅有损美观，而且一到夏天，蚊蝇滋生、细菌

大量繁殖，导致疾病的传播，直接危害了人们的身心健康。另外，长期呼吸伴有臭气的空气，接触并使用受到污染的水，也会诱发慢性病。2006年，卫生部发布的第三次中国居民死亡原因抽样调查报告显示：癌症已成为中国农村居民最主要的死因之一，与环境、生活方式有关的肺癌、肝癌、结肠癌的发病率及死亡率明显呈上升趋势，其中肺癌和乳腺癌的上升幅度最大，过去30年里分别上升了465%和96%。

2. 不利于水资源的保护

成堆的垃圾不仅堵塞了河道，而且一些有害物质在水中腐烂、变质、分解，再加上工厂排放的污水，禽畜养殖场排放的粪便以及田中剩余的农药、化肥的渗入，各种有毒物质掺杂在一起。用这种水源灌溉农田，又会污染农作物。人们长期食用这种被污染的粮食，会造成间接中毒，给人们的身体健康带来危害。更为严重的是，污水一旦流入水产养殖场，将会导致大量鱼虾死亡，造成严重的经济损失。

3. 环境问题制约了本地区的经济发展

物质文明建设与精神文明建设两者是相辅相成的，精神文明建设需要强劲的经济支柱为后盾。环境整治工作同样需要资金投入，同时，一个优美舒适的环境也会有利于本地区经济的发展。随着中国加入WTO，许多投资者将目光投向农村，环境面貌已成为吸引投资者的第一印象，且直接影响着招商引资工作的顺利进行。

4. 不利于各种疫情的预防和控制

云南农村医疗基础设施薄弱，卫生技术力量不足，疫病监测体系不够健全，农民普遍缺乏必要的卫生防疫知识，对疫病的防范意识差。云南农村存在着"非典""禽流感"等疫情扩散的渠道和隐患。特别是在一些经济比较落后的农村，环境卫生"脏、乱、差"的状况还没有得到有效的解决。

5. 不利于社会经济的可持续发展

如果今天我们不注意环境问题，那么我们的子孙后代不久将会生活在被污染的环境里，生存问题将受到严重威胁，这是环境问题带给人们最为严重的后果。

第二节　云南农村环境整治的具体措施

随着城乡一体化进程的加快，农村社会经济发展水平日益提高。长远来看，农村环境卫生的管理也会趋向于采用城市化的管理方式。政府引导、宣传教育、循序渐进、因地制宜、创新机制是当下搞好云南农村环境整治工作中值得考虑的因素。

一　加强政府引导作用

政府部门要起到引导和督促的作用。资金投入是调动农村环境整治工作积极性的有效措施，所以应该逐步提高用于农村环境卫生整治的补助额度。乡镇、村也要发挥主体的主观能动性，如争取辖区内企业的支持，向店铺收取合理的卫生管理费用等，千方百计筹措资金，保障和增加农村环境卫生整治工作的经费，为改善民生、不断提高农民的生活环境质量做出积极努力。此外，还可以激发民间环保组织投身农村环保的积极性，充分发挥其功能和作用。

1. 加强宣传教育，提高农民素质

群众是垃圾的产生者，也是环境污染的受害者，更是环境治理的受益者。农村环境卫生问题的存在，最主要的原因是村民的思想观念转变力度不够，村民文化素质低、卫生意识差，对这些问题所带来的严重后果重视不足。因此，提高村民的整体素质，改变其卫生观念是改善农村环境问题的关键。这需要我们有计划、有耐心地去进行，常抓不懈。可以利用各种宣传途径在农村进行大量宣传，加强对乡村环境危机意识的宣传力度，在村（居）制作、悬挂环境卫生保护、健康教育宣传材料及标语，不断提高农民对环境卫生与健康知识的认识，真正做到家喻户晓，人人皆知。约束和规范村民行为，使其逐步养成健康的卫生习惯。

2. 采取有效措施，狠抓主要环节

（1）抓好农村环境的软硬件设施建设。针对目前农村环境的状况，我们应当首先解决原来留下的那些"难题"，进行大规模的环境卫生整治活动，彻底疏通河道，清除农民宅前屋后的垃圾遗留点，确保公共区域有专人进行保洁，并配备好相应的硬件设施。农村加强"卫生村"与"文明村"的创建工作，必须做好以下几点。

第一，软件管理。创建工作必须制定出系统的计划、措施、方案，软件管理可以清楚地反映出创建工作的全过程，使创建工作真正纳入制度化、规范化、长效化的管理轨道。

第二，硬件投入。在各村的公共场所设置垃圾箱，建设水冲式厕所。村委会对村公共活动设施进行改造、装修、美化，对公共区域、道路两侧进行绿化等。

第三，健康教育。每年进行一次农村居民卫生评比，在全镇公布结果，奖优罚差。各卫生室做好防病宣传工作，及时掌握村民的健康状况。教育村民养成不在沟渠河内倒粪便，不用河水洗碗筷、瓜果，不乱倒垃圾等良好的卫生习惯，同时教育村民自觉做到室内外杂物、柴草堆放整齐，场地整洁，鸡鸭圈养等，做好土井消毒和灭鼠工作。

（2）加强农村改厕、改水、人畜粪便液渣无害化处理工作。目前农民建房大都会建设设备良好的卫生间，但是由于排污系统的落后和部分山区干旱缺水，造成抽水马桶不能使用，成为摆设。村庄的环境卫生差，加重了村庄气味难闻、垃圾乱飞的现象。村内街巷一般都很窄小，多为自然形成的土路，交混穿行、崎岖曲折。此外，很多农村都缺乏公共活动和购物场所。

虽说部分农村解决了饮用自来水的问题，但还须加强对水源地水质的管理和保护，确保村民的身体健康。更应加强管理农村改厕工作。目前仍有部分村庄厕所将粪便直接倒入河中，造成河水污染和传染病的传播。所以说，农村改厕工作中留下

的尾巴一定要解决，可以通过统一建造三级式粪池的方式
（如图6-1），做好消毒工作。

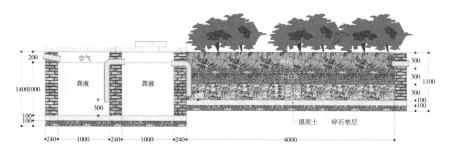

图6-1　三级式粪池

条件成熟的村庄，可引进生物发酵和人畜粪便液渣分离技
术，成立合作社，打造试点，将村庄的人畜粪便统一收集，液
渣分离，进行无害处理（如图6-2），生产有机肥统一销售。
这样一来，不但能解决农村卫生差的老大难问题，还能催生新
的乡村有机肥生产模式，带动乡村产业发展。

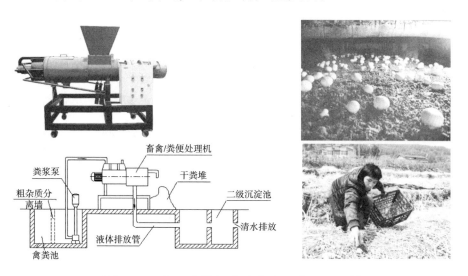

图6-2　人、畜粪便液渣分离无害处理系统

（3）加强水利建设。长期以来，受计划经济体制的影响，在农村，水利为社会、社会办水利的意识薄弱，水利投资强度不够，不能满足建设需要。水利建设的投入要动员全社会的力量，根据"统一管理、分级负责""三级政府三级管理""政府投入和受益者合理承担相结合"的原则，建立起多元化的水利投资体制，使水利建设产业化。

（4）加强农村绿化、美化工程。鼓励农民进行绿化建设，不仅可以提高经济收入，而且可以美化环境、减少污染。另外，农村的各公共场所、交通要道的两侧更应提高绿化率。农民应当转变观念，解放思想，抓住历史机遇，敢于闯市场，以取得经济发展与环境美化的双丰收。

二 加强企业排污的管理

1. 加强禽畜养殖污染控制

加强对禽畜养殖污染的控制和治理是一项十分重要的任务。例如，有一些猪、牛养殖场，场主们在想方设法提高养殖效益的同时，大量的粪水都排入河道，河水流淌之处蚊蝇成群，水质受到严重污染。为此，应调整养殖场布局，逐渐关闭水源保护区内的养殖场。推行农场化和规模化经营，提高禽畜排泄物还田率和综合利用率，是治理禽畜污染的重要出路，必须常抓不懈。

2. 集中处理生活污水

根据云南村庄的情况，可因地制宜建污水处理池，将农户直排污水通过管道工程收集，进行集中处理。大的村庄，可根据当地情况建立污水处理站，生活污水经处理后再排入河道中。严格控制排污，制定引导性政策，引导村民对排污进行治理，使村庄社区的污染负荷实现削减，同时做好监督和管理工作。

三　加强村干部的日常管理、监督作用

农村环境卫生整治工作的好坏，村干部的作用很关键。村里要成立以村党支部书记为组长，村委主任为副组长，其他村组干部为成员的环境卫生综合整治领导小组。按照县、乡党委及县、乡政府对农村环境卫生整治工作的统一政策进行安排部署，发动党员、村民搞好全村的环境卫生的模式推进农村环境卫生整治工作。

1. 积极宣传，大力提升村民的公共卫生意识

每次当乡镇干部与村干部突击检查卫生的时候，村里的卫生情况就会有很大改善，但村民乱扔垃圾的习惯并没有彻底改掉。有的村民甚至在村干部清扫到他门前时，都不肯出来一起扫，认为新农村建设是村干部的事，与自己无关。因此，培养村民、村组干部的公共卫生意识显得非常重要。

一是加强对搞好公共卫生重要性的宣传。通过广播、村民会议、日常生活、张贴宣传标语、发放"明白纸"等方式宣传相应的知识，用具体事例说明讲究环境卫生给生活带来的种种好处，营造环境整治的浓厚氛围。

二是采用卫生评比的方法激发村民爱卫生、搞卫生的热情。每个季度评比卫生家庭，给予那些不仅自家卫生搞得好，而且积极参加公共卫生活动的村民适当的物质、精神奖励。鼓励其他村民向他们看齐，使村民逐步树立热爱卫生光荣、不讲卫生可耻的观念。

三是着重培养村组干部对村庄公共卫生的重视程度。由他们带头搞好环境卫生，发挥示范作用，带动村民养成讲卫生的习惯，最终实现乡村环境卫生综合整治的目标。

2. 规范管理，建立切实可行的规章制度

大致有以下几种。"门前三包"制度，促使村民人人参与，清扫好房前屋后的公共卫生区域。建立垃圾转运制度，及时清理、运走垃圾池中的垃圾。建立家禽、家畜的圈养制度，有效地避免村里牲畜屎尿遍地、臭气熏鼻的情况。建立卫生奖励制度，村委会每年拿出一定经费对本村环境卫生搞得好的村民，授予"洁净人家""卫生家庭""卫生标兵"等称号，并给予一定的物质奖励。有清洁员的村庄，还要确立保洁制度，规范保洁工作。

3. 采取民主讨论、协商的方式建立规章制度

如果村庄较大、人数较多，或者由于其他原因，难以召开村民会议，可以改为召开村干部、村民小组长、党员、村民代表会议的方式来讨论建立相关制度。参与的村民越多，确立的制度也就越符合实际，越有操作性，在村民中的支持率也就越高。制度确立后，要广泛宣传，让村民了解。

此外，要将日常管理、平时督促与卫生大突击、大检查相结合。当前，农村卫生整治中存在的一个重要问题是每逢卫生检查前村干部紧急动员，把村子里的角角落落打扫一遍。这种重视检查、采用突击的方法动员大量的人力、物力搞卫生，确实可以清除一些卫生死角，但只重视检查、不重视平时的卫生工作，只能好一阵子，检查过后又回到从前的状态。所以，要将日常管理、平时督促与卫生大突击、大检查相结合。

四　夯实基础，搞做好农村卫生设施建设

农村卫生之所以差，还有一个重要的原因就是基础设施不完善。许多村庄没有完善的排水沟，即使有排水沟，由于年久失修，也失去了相应的作用，一下大雨，村民进出很不方便。有的村庄没有垃圾池，垃圾随意堆放，山区的村民，把垃圾丢在水沟里。村民说："我们就靠下大雨。一下雨，这些垃圾就会被冲走。"结果垃圾冲到下游相邻乡村，问题不但没有解决，而且更加污染环境。因此，要搞好农村卫生，基础设施建设非常重要。一是做好排水沟等下水道设施的建设。二是根据村里人口数量、居住情况，进行合理布局，建立垃圾收集处理系统，合理设置垃圾池和垃圾填埋处理场所。三是有条件的村庄，可以设置活动垃圾桶，方便村民丢弃废物。

五　改变不良的生活习惯与落后的生产方式

农村的脏乱差现象也与一些村民不良的生活习惯和落后的

生产方式相关。不圈养鸡鸭，鸡鸭满村走，鸡屎、鸭屎到处都是，猪圈建在村庄中间，臭气熏天，严重污染空气。有的村民图省事，把灰尘往屋外一扫了事，即使有垃圾池，也懒得多走几步将垃圾倒入垃圾池。所以，改变农村的卫生面貌，必须逐步改变村民不良的生活习惯与落后的生产方式。村民必须逐步养成讲个人卫生的习惯。

此外，还要突出农村环境卫生的整治重点。一个村内的主要街巷、公共场所，不能随意堆放柴草、禽畜粪便等其他垃圾。柴草一般应该在村外划一处空闲地统一存放，或者在自家院内存放。猪牛粪可以堆放在村庄外积肥，或者当沼气的原料，也可以送到自家的田间地头作为优质的有机肥。垃圾应该分类处理，果皮、菜叶、淘米水等，可作为养鸡、养猪的饲料，也可放到菜地里，作为有机肥。废旧塑料、破碎玻璃、破旧衣服等不可回收垃圾，应及时倒入垃圾池，由村里统一收集，送垃圾填埋场处理。建房的时候，石砖、水泥等建筑材料，应当放在规划好的位置，摆放整齐，不堵塞道路。

"绿树村边合，青山郭外斜"是乡村优美如画的自然环境的诗意写照。倘若自然风景优美，环境卫生却很糟糕，村庄四周垃圾乱倒、污水横流，那就大煞风景。新农村建设的总体要求之一是"村容整洁"，大规模开展农村环境卫生整治工作，不仅有利于引导乡村居民改变生活陋习，改善人居环境，促进农村精神文明建设，而且有利于提升乡村品位、树立农村品牌，成为云南山地农村建设的亮点，推动农村社会经济又好又快发展。推进城乡一体化，核心是农村。云南农村面积大，基础设施较差，具体到农村环境卫生整治，不能仅关注过去出现环境问题的那些重点区域，更要关注整个农村的生产生活环境。按照国家"十三五"建设的要求，借着国家惠农的大好政策，抢抓机遇、共同进步，让云南山地农村也达到"生产发展、生活宽裕、乡风文明、村容整洁、管理民主"的目标，为共同实现国家"十三五"各项预定规划目标做最大的努力和贡献。

农村人居环境建设必须处理好农村的人畜粪便问题。事实上，传统模式的粪便处理不是排放出去，而是回到田地。这是一种很好的机制，但是我们需要用更现代化的方式让农民更干净地做这件事，用更科学的方法和技术做这件事，这是当下新农村建设规划设计的重中之重。所以，在污水处理技术能够在农村大规模推进之前，我们要重点解决好这个问题。

第七章　云南山区"四位一体"
农村治理模式研究

社会主义新农村建设是党在全面推进现代化进程中的一项重大历史任务，它是一项功在当代、利在千秋的民心工程，是一项长期、复杂、艰巨、庞大的系统工程。党的十七大报告指出，解决好农业、农村、农民问题，推进社会主义新农村建设，是全党工作的重中之重。贫困山区新农村建设，是整个新农村建设的难点，解决好三农问题，关乎全面建设小康社会大局。中共中央总书记习近平在扶贫工作会议上强调，"十三五"期间脱贫攻坚的目标是，到 2020 年稳定实现农村贫困人口不愁吃、不愁穿，农村贫困人口义务教育、基本医疗、住房安全有保障；基本公共服务主要领域的指标接近全国平均水平。

国内学者对新农村建设的研究较多，包括各个方面。学者易洪海（2009）研究了新农村建设中的公共财政投入问题；高新（2013）研究了新农村建设金融支持问题；梁修群（2010）研究了河南新农村建设中农村经济合作组织、农民增收、土地流转方式等问题。相比之下，研究新农村建设模式的学者并不多。有代表性的研究成果主要有以下几个方面。

羊爱军（2007）总结了新农村建设的五种模式：工业经济带动型、生态经济带动型、旅游服务带动型、多元经济带动型、特色产业带动型。孔凡真（2006）认为新农村建设中有八种模式：工业企业带动型、特色产业带动型、畜牧养殖带动型、休闲产业带动型、商贸流通带动型、旅游产业带动型、合作组织带动型、劳务经济带动型。郭炳章（2006）提出了八种新农村模式：资源型新农村、工业型新农村、生态型新农村、城镇型新农村、农庄型新农村、城郊型新农村、边境贸易及旅游型新农村。刘彦随（2008）以东部沿海地区新农村建设为例，提出中国农村由于地域类型复杂，发展模式也要多样化，要注意体现"三性"统一（区位差异性、产业主导性和发展制约性），提炼"三类"模式，即新农村建设与发展的区域主导模式、操作主体模式和典型实践模式。提出农民是新农村建设的主体，必须以农民的文明化为重点，着力提高农民素质，培养和造就新型农民。卢芳霞（2011）、卢璐（2014）分别以浙江诸暨柄桥镇及山东诸城为案例，分析了农村公共服务社区化供给模式，通过"网格化管理、片区式服务"，提高农民对农村社区的归属感和认同感，重塑和优化乡村组织结构和治理体系，实现政府职能从管治到服务的转变。

国内学者对新农村建设的研究以理论研究居多，实证研究也大都集中在对新农村经济发展类型的分析上，缺乏对新农村建设系统发展的内涵式研究，包括农村扶贫经济发展问题、农村社区治理问题、公共服务问题、农村社区文化问题等的整体分析。尽管近年来，云南省政府出台了很多政策（见附录），以加强边疆民族贫困地区的新农村建设，但是新农村的治理模式仍在探索之中。

第一节　相关概念

一　社区概念

社区（community）这一概念是 1871 年由英国学者梅因提出的。1887 年，德国社会学家滕尼斯在他的《社会与社区》中第一次从社会学范畴阐述了社区的定义，认为社区是具有共同价值观和相似文化特征的地域社会共同体，是指居住在某一特定区域内的，共同实现多元化目标的人所构成的群体。

20 世纪 30 年代，费孝通翻译了滕尼斯的作品，将"社区"一词引入中国。1984 年，他将社区表述为"社区是若干个社会群体或社会组织聚集在某一地域里形成的一个在生活上相互关联的大集体"。郑杭生认为，社区是进行一定活动、具有某种互动关系和共同文化维系力的人类群体生活及其活动的区域。方明（1991）在他的《社区新论》一书中提出：社区是指聚集在一定地域范围内的社会群体和社会组织，根据一套规范和制度结合而成的社会实体，是一个地域社会生活共同体。多数学者认为，社区是指聚居在一定地域范围内的人们所组成的社会共同体。

虽然学者们研究的领域不同，但是对社区的定义大体一致，基本可以分为两大类：一类是从功能观点出发，认为社区是由相关联的人组成的社会团体；另一类是从地域观点出发，认为社区是一个地区内共同生活的有组织的人群。归纳起来，社区是指一个固定的地理区域范围内的社会团体或有组织的人群。

农村社区和城市社区是最能区别人们的社会活动和社会关系的内容及特点、最能表现社区结构特征的两种社区类型。对农村社区的研究起始于美国。早在1894年，罕德逊（C. R. Hendeson）就在美国的芝加哥大学讲授"美国乡村生活的社会环境"。1915年，美国乡村社会学家盖尔平（C. F. Galpin）发表了《一个农业社区的社会解析》（The Social Anatomy of Agricultural Community），这被认为是第一次对乡村社区所进行的系统分析。

对农村社区及社会生活共同体的边界范围存在不同的划分，其中，有两种倾向。一是从社区或共同体的空间地理及地域边界来划分。最常见的是以村落聚居为边界，将自然村落视为农村社区及共同体的边界；或者以基层行政区域为边界，将一个或多个行政村视为农村社区；或者将乡镇以及城镇视为社区单位。二是从社区及共同体的内在联系及认同意识的角度划分社区和共同体。其中最普遍的是以血缘关系为基础划定社区，如一些人将农村家族和宗族作为共同体。

二 中西方治理理论

治理理论兴起的一个重要背景是新公共管理（New Public Management，NPM）的发展。新公共管理理论在管理主义与市场经济两大要素的共同作用下，重视科学管理、效率、竞争与市场导向，以第三条道路、政府重塑等运动为阵地，为治理理论提供了坚实的土壤。

英国学者罗茨等人试图从"治理"的角度分析新公共管理的内在矛盾。对新公共管理的批评来自各个方面，包括政治的、经济的和文化的等。比如，新公共管理的意识形态和政治化倾向、过分扩张的经济主义和管理主义。尤其是新公共管理强调市场的基础性作用，将公共部门私有化，以经济效率代替公正追求，背离了民主、公正、平等、自由等基本价值。然而，这些理论正是治理理论所强调的。这也可能正是治理理论取代新公共管理理论的原因。

同时，新公共行政学派主张公民参与和多中心治理，成为治理理论的重要支持者。新公共行政理论主张"小政府"、更直接的公民参与、政府服务契约外包和民营化，以及市场化的激励机制。新公共行政认同的效能原则和新公民管理强调的社区公民治理、外包、民营化等出现了趋同的趋势。

20世纪后期，西方福利国家严重的政府管理危机，导致政府职能扩张、机构臃肿、效率低下等种种弊病。人们开始意识到作为新兴力量的非政府组织和公民群体对于弥补市场机制的弊端和政府功能失效的重要作用。因此，治理理论作为一种既重视发挥政府功能，又重视社会组织相互合作、共同管理的方式和理念，于 20 世纪 90 年代正式登上历史舞台，成为西方学术界探讨的热点理论。

格里·斯托克对治理理论的阐述包括五个方面。

一是治理意味着一系列来自政府，但又不限于政府的社会公共机构和行为者。它对传统的国家和政府权威提出挑战，认为政府并不是国家唯一的权力中心。各种公共的和私人的机构，只要其行使的权力得到了公众的认可，就都可能成为在各个不同层面上的权力中心。

二是治理意味着在为社会和经济问题寻求解决方案的过程中，存在界线和责任方面的模糊性。它表明在现代社会，国家正在把原先由它独自承担的责任转移给各种私人部门和非营利性团体，这些私人部门和非营利性团体正在承担越来越多的原先由国家承担的责任。

三是治理明确肯定了在涉及集体行动的各个社会公共机构之间存在权力依赖。也就是说，致力于集体行动的组织必须依靠其他组织，为达到目的，各个组织必须交换资源、商讨共同的目标。

四是各个组织必须交换资源、商讨共同的目标网络。这一自主的网络在某个特定的领域中拥有发号施令的权威，它与政府在特定的领域中进行合作，分担政府的行政管理责任。

五是治理意味着办好事情的能力并不仅限于政府的权力，

不限于政府的发号施令或运用权威。

2000 年，俞可平主编的论文集《治理与善治》出版，治理理论逐渐成为国内学术界关注的热点。俞可平认为，治理的基本含义是官方的或民间的公共管理组织在一个既定的范围内运用公共权威维持秩序，满足公众的需要。治理的目的是在各种不同的制度关系中运用权力去指导、控制和规范公民的各种活动，最大限度地增进公共利益 。

毛寿龙、李梅、陈幽汉（1998）认为，治道（治理）是在市场经济条件下政府如何界定自己的角色，如何运用市场经济的方法管理公共事务的道理。治理变革指的是西方政府在适应市场经济有效运行的条件下，进行市场化改革，并把市场制度的基本观念引进公共领域，建设开放、有效的公共领域。

沈荣华、周义程（2003）从权力的角度阐述了治理理论、治理主体构成的多元化。各种治理主体，都要放弃自己的部分权力，最终建立一种公共事务的管理联合体。

三 社区治理

社区治理是指在一定区域范围内，政府与社区组织、社区公民共同管理公共事务的活动；是指政府、社区组织、居民及辖区单位、营利组织、非营利组织等基于市场原则、公共利益和社区认同，协调合作，有效供给社区公共物品，满足社区需求，优化社区秩序的过程与机制。

另外，社区治理是治理理论在社区领域的实际运用，它是指对社区范围内的公共事务进行的治理。社区治理是社区范围内的多个政府、非政府组织，依据正式的法律、法规以及非正式的社区规范、公约、约定等，通过协商谈判、协调互动、协同行动等，对涉及社区共同利益的公共事务进行有效管理，增强社区凝聚力，增进社区成员的社会福利，推进社区发展的过程。

农村社区治理，是在行政村的地理区域范围内，在各级党委、政府的统一领导和民政部门的指导下，由村党组织和村委会组织通过直接民主和自我管理的方式，依靠政府、社会和村民自身等多方面的资源和力量，推动农村基础设施、环境治理、社会保障和公共产品体系建设，强化各项公共管理与服务功能，加强农村精神文明建设，不断提高农村社区成员的物质文化生活水平。

第二节　国内外乡村社区治理模式的实践

一　国外乡村社区治理模式的实践

国外农村社区的治理模式与其城市社区治理相对应，有三种典型模式。

1. 政府主导型模式

以新加坡为例，1980 年以后，通过推行组屋社区计划加快城市化进程，农村社区完全被组屋社区取代。2010 年，新加坡的城市化率已达到 100% 。

2. 自治型模式

在自治型模式中，各级政府的行政权力无法延伸到农村。村民委员会是乡村自治的权力机构，拥有乡村自治、发展的决策权和一定的立法权。社区村民是社区管理的主体，村治机构只需要对社区全体村民负责。这种模式主要见于一些发达国家或联邦制国家的农村社区治理中，如美国、德国、芬兰等。

（1）美国农村基层提供的经验。第一，美国农村公共服务最突出的特色就是融资渠道的多样化，不断引入市场和民间的力量。按照规模确定公共服务的投资主体，投资规模比较大的项目，如灌溉、水利、交通、供电及通信等项目，由联邦政府和州政府投资兴建。中等规模的公共服务一般由地方政府出资建设。较小规模的可以由农户，或政府和农户共同出资建设，建成后的工程须在政府的监督下依法进行经营管理。作为对投资者的回报，投资者可获得工程土地部分的使用权，可将其出租或转卖，这样，投资者就可以收回部分投资，再将其用于新的投资建设。这种做法调动了民间投资的积极性，也减轻了政府的压力。第二，高效的农村公共物品投融资决策、管理和运作机制。美国实行的是投融资决策和投融资管理一体化，均由农业部来制定并实施。一方面，农业部作为农业投资政策的制定者，根据农业发展情况，委托其下属的经济研究局、农业稳定和保持局进行综合分析。另一方面，农业部是农业投融资政策的执行者和落实者。农业部的农业稳定和保持局、农场主管理局作为农村公共服务政策和计划的执行者，处理融资贷款方面的事务，为农场主、农村社区和农村居民提供财务服务。

另外，美国十分注重农村发展的法制化建设。通过制定具有针对性的法律来规范农村的发展进程，以法律的形式保证政府的每项政策都有法可依、有法可循。除了建立旨在规范农村公共服务发展的专项法律，联邦政府还竭力使其各项运作都融入其他的相关法律体系，更好地规范农村公共服务发展。

（2）德国农村基层提供的经验。第一，德国的理念认为乡村和城市并非相互对立，而是相互依存的，因此主张从区域整体出发推动乡村发展，建设自下而上的、统一的公共服务供给体系。一般都是由相关人员制定合理的农村综合发展规划，其参与主体包括村民、企业、协会、管理部门等。规划的内容包括规划区的发展目标、实现目标的途径和需要优先发展的公共服务项目等，规划由相关主管部门进行审批。各县、区和社区的政府除执行州的项目外，还会制定并执行自己的政策，如改进公园管理、提供定点医疗服务和保护水资源等。

第二，重视发展农村合作经济组织，完善农村公共服务体系。德国非常重视发展农村合作社。德国政府一直重视农民合作组织的发展，不断加强引导，并赋予其政策指导、利益协调、技术交流和社会服务等多方面的职能。按照经营业务的范围，合作社分为信贷合作社，手工业、商业和服务业合作社，消费合作社以及住房合作社四大类。这些合作社遍布德国农村，为农村公共服务提供信贷、供应及咨询等方面的服务，成为一个综合性的公共服务网络。合作社结构完善，法律完备，服务周到，发挥着个体农民和国家都不能替代的作用。

3. 混合型模式

作为混合模式的典型代表，日本的农村社区治理主体已趋于多元化，由政府、社区自治组织、各类民间社会组织、居民等共同参与。政府与居民双重互动，分工明确。政府提供政策、技术、资金支持，社区与居民负责执行政府的规划政策，日常事务的处理由社区与居民共同决定。意大利、法国、波兰和韩国等国也采用这种双向互动的模式。

（1）日本农村基层提供的经验。第一，政府积极参与。政府是日本农村公共服务提供的发起者，日本政府专门成立了农村规划与加强产业发展的农业振兴协会，建立了由市町村、县到中央的完备的、覆盖整个农村的三级农协组织体系。同时，在资金上大力支持提供农村公共服务的项目的建设。据统计，日本投入农村生活公共服务项目的财政资金，2002年已经达到支农支出总额的30%，2010年超过支农支出总额的45%。政府筹集的这些资金主要用于土地改良、水利建设等农村公共服务的项目建设，另外还用于动植物防疫、农业灾害赔偿等方面。此外，日本政府还为农村公共服务提供组织和规划上的支持。

第二，充分发挥农业协同组合的作用。战后，日本重建的"农业协同组合"，是一个集农业、农村、农户于一体的综合社区组织。目前日本99%的农户都属于该组织。该组织分基层、县级及农协中央会三大层次，按业务对象和经营范围的不同，又可分成综合农协和专业农协两类。这些组织构成了遍布各地的综合服务网络，将全国农民联合为整体，为农民提供快速、周到、高效的服务，服务范围几乎遍布农民生活的各个领域和农业生产的各个环节，在发展农村经济、改善农民生活、加强农村公共服务提供、争取农民利益等方面，发挥了重要的作用。

（2）韩国农村基层提供的经验。第一，政府与社会共同推动。韩国"新村运动"起初完全由政府主导和推动，建立了一整套从中央到地方的强有力的组织领导体系，各道、市（郡）及最基层的村都成立了"新村运动"的领导机构，专门负责政策的制定，并协调各部门之间的配套政策和措施的落实。上至总统、下到普通公务员都参与到这一运动中。同时，大学和科研院所的教师、科研人员、海外侨胞，城市各机关单位、工矿企业与农村结对，进行"一帮一"的扶持，三星、现代、韩国电力等大型企业都带头支持农村公共服务提供。

第二，以农民为中心，注重培养新型农民。韩国"新村运动"特别重视发挥农民的主体作用。以启蒙农民思想为先导，重视对农民的教育和培训，启发和唤醒农民自主、勤勉、合作的精神，激发农民的主动性和创造性，发挥农民自身的潜能。政府不强迫农民选择项目，每个村具体搞什么项目，完全由农民自己选择。政府按照先易后难、因地制宜的原则，拟定支持的项目计划，农民根据实际情况选择项目，并且项目建设也主要依靠农民自己的劳动。政府通过政策引导的方式，让农民从"新村运动"中见到利益、得到实惠，自觉参与到"新村运动"中来。

第三，实行有效的激励机制。政府对"新村运动"的财政支持，不是平均分配，而是根据各村的表现和成果，将全国的 3 万多个村庄划分为自力、自助、公共服务三个等级，成绩最佳的村划为自力村，最差的村划为公共服务村。政府的援助物资只提供给自力村和自助村，在村口立上牌子，激发村民的积极性。

（3）印度农村基层提供的经验。第一，灵活的融资渠道，保障资金来源。除政府融资外，印度农村还有市场融资、国际组织融资和私人融资、捐款融资，实现了融资渠道多元化。政府设立农村公共服务投资基金，发放特别贷款，专门用于改善农村公共服务，如公路、桥梁、小型水利项目、水土保持等。同时，印度储备银行和 RIDF（农村基础设施发展基金）为公共服务提供贷款，建立了筹资开发公司，对各类银行发放的农村公共服务贷款提供资金流通便利。

第二，推动促进农村信息化建设。农村信息化是印度农村治理的突出特色，印度政府把提供电信普及服务视为重要职责，使印度农村的电信服务业在短时间内有了较大的发展。同时，将设置公共电话转变为在农村地区建立电信信息中心，制定农业信息分享标准，提供数据传输、数据共享服务。注重信息技术人才培养，增强农民的信息意识。印度已成为一个地区性乃至全球性的农业信息技术网络，刺激了农村地区的经济发展和农村基本公共服务的均衡化。

二　国内农村社区治理模式的实践

我国农村社区建设处于探索阶段，各种模式尚未完全成型。项继权（2009）从农村社区的建置及边界出发，把农村社区分为五种模式。①"一村一社区"，以村委会为基础 ，一村只设立一个社区。②"一村多社区"，一个村设立两个或两个以上的社区。③"多村一社区"，在相邻两个或两个以上的村中选择中心村或较大的村为单位设立社区。④"集中建社区"，在新规划的农民集中居住的居民小区设立"社区"。⑤"社区设小区"。"一村一社区"的地方以村民小组或自然村为单位设立"小区"，"多村一社区"的地方以村为单位设立"小区"。社区设立社区服务中心，小区则设立"社区服务站（点）"。

卢爱国（2009）从农村社区体制改革的角度，认为农村社区有四模式。①村落自组织模式。该模式见于江西，村落社区成员协商，自发组织并管理村落社区事务。村落民间组织为主要的治理主体。②村社合一模式。该模式为村委会与社区服务组织成员交叉任职、功能合一的社区模式，见于重庆永川区等地。③村企主导模式。该模式在江苏等集体经济较为发达的地区较为普遍。村民委员会、村办企业、社区服务组织成员"一套班子、三块牌子、交叉任职"。④联村建社模式。该模式见于舟山市，在多个建制村设置社区，建立社区服务组织和社区党总支，交叉任职，社区服务组织承接社区行政事务和社区公共服务。

在以上基本模式的基础上，各地从组织上变革农村治理模式，创新农村公共服务体系，对农村社区自治开展了积极的探索，结合实际，因地制宜地发展出了各具特色的治理模式。

1. 精英治理模式

王士龙（2013）认为，"农村精英"是指那些产生于农村基层，具有强烈的责任意识和较强的个人能力，掌握更多的经济、技术资源或者政治性、权威性资源，在农村的政治、经济和社会生活中享有较高影响力、号召力和凝聚力的权威性人物。农村精英可能只是某一方面的"单一精英"，如经济精英、社会精英；也有可能是掌控全局的"多重精英"，将政治精英、经济精英和社会精英集于一身。精英治理模式在经济较为发达的地区较为普遍，农民精英个人能力突出，在经济或社会活动方面具有突出的才干，使精英个人的主观意志和个人能力在处理农村事务和村民自治组织建设中起主导作用。

但人们对精英的崇拜心理使其忽略了对精英的权力的监督，导致精英、村干部不良作风的滋长。首先，在精英治理模式中，农村精英的权力过于集中，缺乏约束和制约的权力必然会使精英治理背离民主。其次，农村精英治理缺乏有效的制度规范。在这种情况下，农村社会的发展主要依靠精英个人的能力和品质，易造成精英人物以"土皇帝""庄主"自居，决策缺乏民主性，管理缺乏制度性和延续性。最后，农村精英对个人利益的追求。农村精英也是简单的个人，难免出现公共利益与私人利益之间的矛盾。在这些精英人物带领村庄发展到一定阶段后，开始利用手中的职权将集体财富视为私人所有，垄断村中资源，侵犯了多数人的利益。例如，有的农村精英在土地承包或村办企业的承包过程中为自家或亲友谋取私利，在国家占地、征地和拆迁补偿中攫取额外收益，更有甚者侵吞和霸占村集体财产等。

2. "乡村典章"模式

"乡村典章"由村民公议公决产生，在现行法律框架内对村务运作机制予以明确和细化，为农民行使民主权利提供充分依据。典章中的决策议事规则弥补了政策法规的盲点，一方面有效地遏制了村民代表会议组成对象针对选举进行拉票、搞宗派势力等问题；另一方面丰富了村民代表的表决方式，外出务工者众多、村民代表会议难以召开的时候，根据典章规定，村民可采用书面或其他远程通信的方式参加表决。"乡村典章"的推行改变了党在农村基层的执政方式，由为民做主的"父母官"变成让民做主的"服务员"。

"乡村典章"将传统乡规民约和现代治理体系相结合，开展了社区治理创新的探索和实践。例如，在厦门市同安区新民镇溪林村，这一以"微法典"为规范的"双向自治"社区治理模式，实现了多元化管理。

正是通过共同缔造的办法，集聚民智、凝聚民心，建立起了体现群众诉求的微型自治组织，制定并实施了获得村民广泛认可的"微法典"，形成了社区治理微型"闭合自控"系统。村民可以依据个人特长、意愿、威望等参与各种微组织。"矛盾上交"变成"内部调适","几个领导拍脑袋"变成"众人拾柴火焰高","对着干"变成"齐心干","失误难改正"变成"纠偏有根据"。微组织与村民代表大会、村党支部、村委会相互配合，形成涵盖决策、执行、监督、反馈等各环节的高效闭合链。

3. "企业推动型"模式

经济社会发展起步较早的地区，以乡镇企业为基础的经济社会实体已经与乡村社区密切联系，如城镇化建设中的"温州模式""苏南模式"，都是由乡镇企业的发展，带动当地乡村社区经济社会的快速发展。"温州模式"侧重于市场促进下的企业参与农村社区建设，"苏南模式"注重通过以集体经济为基础的乡镇企业带动农民就业，实现农民的非农化和乡村社区的城市化发展。

"企业推动型社区"在实践中形成了三种不同的具体模式，不同的模式也意味着其治理机制的差异性。

（1）村企管理一体化，是集体企业主导型社区治理的模式。将企业管理与社区治理融于一体。北高家庄社区治理就属于这一模式。北高家庄村90％以上的劳动力都属于振华集团的职工，北高家庄的村党总支书记，同时也是村办企业的党委书记、董事长。企业工人与社区居民身份基本上是重合的，企业经济的发展和村民的收入密不可分，企业发展和农村建设密不可分。企业的发展就意味着村集体经济的发展，企业的工资收入就是全体村民生活的保障。早在2004年，该村就以北高家庄为核心，整合周边林家庄、蒋家店子、三家庄等村庄，建立了珠光科技集团，对村庄实行企业化管理，成立了物业公司，借鉴城市小区的物业管理经验，为村民提供全方位的优质服务。社区重大事务，由党组织行使决策权，社区农民大会或农民代表大会行使表决权，社区村委会行使实施权，群众及上级组织行使监督权。该集团建立了"珠光集团邻里中心"，设立村民议事厅、药房及诊疗室，还有书报阅览区、村史党史展览区、调解室等。

（2）协作式治理，是指企业与社区通过建立特定的协议联系，共同实施社区治理。村企干部互挂，建立共建共驻机制、联席制度等。南潮村和永兴盛公司联建后，南潮村与永兴盛公司在经济发展、治安、就业、党建、文化生活环境等方面都形成了密切联合。以社区党组织为核心、社区居委会为主体、新青科技工业园各企业党组织为补充，建立共驻共建机制，互派党员干部挂职，建立联席制度等，扩大党的影响力和影响力的覆盖面。村企共同推动服务联动、治安联防、法治联抓提升社区管理和服务水平，促进社区稳定。

（3）支助型治理，这种模式认为企业是驻社区的单位，社区有责任为企业提供优质的环境、社会秩序等服务，企业作为驻社区的单位，也有责任促进社区发展。在这种模式中，企业主要为社区提供相关的物质服务。广东云浮市云城区的治理机制具有"支助型"治理的特征，云浮市的社区治理注重以感情、信念、形象来凝聚企业和村（社区），形成"企业为村（社区）服务、村（社区）为企业服务、党员群众共同为企业服务"的工作链条，企业和社区做到相互支持与帮扶。企业要为村（社区）做好项目帮扶、技能帮扶和救助帮扶三项帮扶，帮助村社区经济发展，帮助提高村民收入。村（社区）要为企业做好资源性服务、软环境配套服务和治安秩序服务，为企业的发展提供有利的资源和环境。

4. "互联、互补、互动"模式

陕西省镇坪县针对农民工返乡后面临的复杂形势，提出"两联两帮"（领导联乡、机关支部联农村支部，部门帮村、干部帮户）的农村基层治理模式。全县 20 名县级领导联系 10 个乡镇，指导乡镇、村落实县委各项决定；60 个机关支部联系 35 个农村支部，互联互动，相互提高；70 个县直部门帮扶 35 个重点村，建立产业示范点、扶持产业示范户、建设和谐家园、帮建公共设施；1000 名县乡党政干部帮扶 1000 名农村党员和产业大户，一对一地开展技术服务，提供生产资料，提供市场信息，提供生活救助。并在"两联两帮"的基础上，建立以城带乡的制度，建立机关党员在新农村建设中服务群众的长效机制，更好地为群众服务。

5. "城乡一体化"社区治理模式

城乡一体化社区采取统一规划建设的方式，如新建立的桃源新邨社区，位于浙江省嘉善县姚庄镇，总占地面积为 0.98 平方公里。一期工程于 2010 年 7 月交付使用，占地 0.23 平方公里，总投资 3.2 亿，社区内建有标准公寓房 588 套、复式公寓房 556 套。吸纳了来自附近 8 个村的村民入住，有自愿置换户、拆迁安置户，同时还有部分外来人口租住。

　　首先，从组织架构上来看，桃源新邨社区一方面搭建以社区党总支为核心，社区管委会、党员议事会和居民议事会相配套的组织架构，一方面设含综合办公室、服务中心、活动中心、物业中心的"一办三中心"，实行"政府主导＋社区自治"管理模式。同时，为拉近干群关系，增强熟识度，要求每位社区工作人员除按照10户/天的要求深入农户外，还设立了党群连心室，调动老党员和居民谈心，了解民意。

　　其次，桃源新邨社区以强化政府公共服务的职责和能力为主线，把公共服务放到首要位置，促进公共服务向农村延伸，促进公共财政向农村倾斜，把8个村委托社区管委会代办的涉及居民事务的事项，统一放到"一站式"便民办事大厅中办理，实行"敞开式""零距离"服务。同时注重社区志愿者队伍建设，并在1公里范围内设置体育馆、中小学、医院、大型超市、银行、农贸市场等基础生活设施。另外，在城乡一体新社区治理中，桃源新邨社区还特别注重社区文化培育和社区环境美化，努力营造和谐文明的社区氛围，推进社区居民城市融合机制的完善，提高居民对社区的认同感。

第三节　"四位一体"新农村治理模式研究

　　新加坡、美国、日本、韩国等国家的农村建设模式各有特点，但共性都是靠政府的扶持和引导，重视农村教育，发展农村经济，改善农民生产生活依赖的基础设施条件，增加农民收入。2005 年 10 月，党的十六届五中全会通过的《中共中央关于制定国民经济和社会发展第十一个五年规划的建议》明确提出，要按照"生产发展、生活宽裕、乡风文明、村容整洁、管理民主"的要求进行社会主义新农村建设。我国农村之间的差别性大，农村治理模式的选择也必然具有差别性。如何缩小城乡差距，探索符合地域特点的新农村治理模式，促进农村经济社会全面发展，是当前各级地方政府在新农村建设中面临的重要挑战。

一 云南新农村建设面临的治理难题

云南贫困山区新农村治理模式必须综合考虑所在区域的位置、资源禀赋、生产力发展水平、社会文化传统等因素的差异性，因地、因时制宜，科学决策。避免搞形式主义和形象工程，以免增加乡村债务和农民负担。因此，了解云南贫困山区新农村建设中存在的主要问题，是选择新农村治理模式的重要前提。

1. 农民思想观念落后

随着现代文明的不断发展和精神文明建设的不断深化，村民的思想观念发生了很大的变化，文化水平也不断提高。但部分村民的封建思想、宗族观念及迷信思想仍根深蒂固，小农意识浓厚，只看重眼前利益及局部利益，法律知识贫乏、法制意识淡薄，违法违纪行为仍时有出现，与社会主义新农村建设的要求还有一定的差距，村民整体素质有待进一步提高。

2. 农村环境日益恶化

农民的环境自律意识差，大部分村庄普遍存在柴草乱堆、垃圾乱倒、苍蝇乱飞、污水乱流、摊点乱摆、牲畜散养等"脏、乱、差"现象，农村的生活垃圾、废水处理等问题较为严重。同时，由于在农业生产中滥用化肥、农药等，也造成农村环境受到不同程度的污染。

3. 农村老龄化、空心化严重

改革开放，尤其是20世纪90年代以来，中国快速的工业化和城市化就像一台功率巨大的抽水泵，将农业和农村剩余劳动力吸干殆尽。目前中国已经没有多少青壮年劳动力可供转移，甚至出现了不同程度的"负剩余"和"民工荒"。青壮年和他们的小孩大量转移（迁移）出农村的必然结果就是农村人口老龄化更加严重。人口"空心化"和"老龄化"势必对农村公共产品的需求产生实质性影响。加上随着国家重点项目建设及城镇化建设的需要，大量耕地被占用，农村耕地日益减少，失地农民日趋增多，贫困农民人数不断增加。同时，大量农村青壮年都外出务工，留守人员年老力衰，而且农村经济发展基础薄弱，农业技术水平低，再加上自然环境恶劣，后续产业发展规划滞后等因素，制约着贫困山区农村经济发展的水平，农民收入持续下降。

4. 农村文化管理相对薄弱

农村文化的发展需要一定的物质载体来支撑，相对而言，经济发展水平高、文化传统悠久、领导重视的地区文化设施比较健全，电视、电话、计算机、互联网得到普及和发展。而经济发展落后、农民文化水平低的贫困地区，文化设施就比较落后，农民接受文化的渠道有限，影响了农村文化的深入发展。

云南贫困山区农村大都缺乏必需的文化基础设施和基本条件，影响了农村文化的深入发展。大部分山地农村偏重于一时一地文化活动的开展，以及文化设施、文化工具的简单建设，缺乏农村文化工作的长远规划，使文化成为农村工作中"锦上添花"的摆设，没有发挥文化应有的作用。

5. 新形势下基层组织治理水平不高

贫困山区的村民自身文化水平不高，综合素质偏低，安于现状，缺乏创业的进取精神。部分村民对新农村建设的主体意识不强，存在"等、靠、要"思想，缺乏建设的主动性和积极参与的主体意识。

个别村干部带领村民致富的水平不高，领导管理能力不强，对新农村建设中出现的新情况、新问题的办法不多，缺乏结合本村实际推进工作的主动思考意识，发展的路子不够宽，往往是等上级部署，等上面给钱。部分村在新村规划中存在现实困难，需要政府积极协调省、市的有关部门予以尽快解决，如在施工规划中，遇到政府性收费问题以及新村土地置换、规划问题、拆迁村民的安置、产业调整等难题，村干部均无力解决。如果这些问题不能妥善解决，就会发生村民因拆致贫现象，村民情绪波动较大，长久下去，会形成不稳定因素。

二 "四位一体"建设基本原则

为了全面贯彻党的十八大、十八届三中全会、十八届四中全会、十八届五中全会的精神，促进新形势下农民、农业、农村可持续发展和协调推进的建设发展新模式，云南省在省政府的指导、省财政厅的支持下，针对贫困山区农村存在的各种问题，因地制宜，积极探索"四位一体"新农村治理模式。

"四位一体"主要是指以提高农村人居环境、扶持村级集体经济发展、提高农村公共服务水平、支持农村基层组织建设为主要建设内容的新型综合治理模式。云南省政府希望通过新农村"四位一体"建设，实现"布局科学合理、服务功能完善、人居环境优美、村强民富和谐"的美丽宜居乡村的目标。其建设的基本原则有以下几个方面。

1. 坚持政府引导、农民自主

在县乡两级人民政府的引导下，发挥村党支部和村委会的主动作用，充分尊重农民意见，运用民主决策、民主管理和民主监督机制，广泛调动农村群众参与新农村建设的积极性。

2. 整体谋划、突出重点

立足当地实际，整体谋划，统筹兼顾，择优选取村级组织中保障有力、群众积极性高、工作基础扎实的行政村来进行。按照"缺什么补什么"的原则，突出重点，提高工作的系统性、整体性和连续性。

3. 积极稳妥、逐步实施

坚持因地制宜、分类指导，探索不同类型的建设模式和发展方式，因村施策，一村一策，积极稳妥，逐步实施。

4. 整合资源、合力推进

整合村内现有的自然资源、基础设施以及公共服务平台，统筹相关涉农项目及资金，充分发挥资源和资金的最大效益，全力协调推进相关工作。

三 "四位一体"建设的主要内容

1. 提升农村人居环境

近年来，各级各部门积极推进农村基础设施建设，农村人居环境逐步得到改善。但是，与全面建成小康社会的目标要求仍有差距。因此，提升农村人居环境要遵循乡村自身发展规律，体现农村特点，注重乡土味道，保留乡村风貌，努力建设农民的幸福家园。一是加强农村基础设施建设。以传统村落保护、一事一议财政奖补为抓手，整合各类涉农资金，动员社会力量广泛参与，加强村庄道路、综合活动场所、小型农田水利等基础设施建设，确保村庄布局合理、设施完善、功能配套。二是开展农村环境整治。探索符合地方实际的垃圾分类、收集、转运、处理方式，逐步实现村庄垃圾有序收集、封闭运输、无害化处理和资源有效利用，整治规范农村"三堆"（粪堆、柴堆、草堆），不断改善农民生产生活条件，实现村庄美化、绿化、亮化。三是做好村级公益设施运营管护。运用村规民约等方式，加快建立和完善村级公益设施管护机制。充分发挥村民的主体作用，调动村民参与村庄建设和管养维护的自觉性、主动性和积极性，使村庄管理规范有序，公益设施能长期使用，发挥效益。

2. 扶持村级集体经济发展

新形势下，扶持村级集体经济发展是解决当前"三农"问题，建设发展农村各项事业的一项重要工作，是增强基层组织凝聚力、战斗力和向心力的基础保障。从实际出发，积极探索合作股份型、服务创收型、产业发展型、租赁经营型等发展方式，壮大村集体经济，增加村集体的收入，增强农村发展活力，夯实农村发展后劲。一是股份合作型。主要通过组建合作社，开展合作经营，引进合作企业等方式，将村集体资源、资产或资金通过入股的方式，开展股份合作经营，获得股份收益。二是服务创收型。将农村富余劳动力有效组织起来，成立各类专业服务队伍，为农业生产、流通、加工、仓储等提供有偿服务，以开展劳务输出等的方式来获得服务收入。三是产业发展型。主要通过村集体自办企业、发展农业产业等方式获得经营收入。四是租赁经营型。主要通过租赁村集体现有的房产、资源和设施，获得租赁收入。

3. 提高农村公共服务水平

提高农村公共服务水平是进一步深化农村改革，推进基础性公共服务向农村延伸的重要举措。按照服务区域最大化、服务成本最小化、服务质量最优化的原则，重点从农村最需要和农民最关心、最直接、最现实的服务项目着手，拓展公共服务内容，加快构建农村公共服务体系。一是建设村级综合公共文化服务活动场所。按照"综合设置、功能多样"的原则建设集红事白事、村民议事、科学普及、文化宣传、农家书屋、农民实用技术培训等多种用途为一体的村内综合性公共活动场所，为基层组织开展党员活动、培训学习、教育、议事、素质提升和为村民提供各种代办业务创造必要的条件。二是建立村级农业综合信息服务网络平台。充分利用互联网、物联网、数据库、高清网络视频等信息技术，依托农村党建综合服务、农业信息服务、数字乡村等信息技术，运用信息化手段，为农民的生产生活提供农业发展形势、农产品价格、农产品供需、农产品销售、农资购买和气象等综合信息服务。三是建立村级农业科技服务平台。要依托农业、林业、畜牧、农技等方面的专业技术机构和人员，搭建农业科技综合服务平台，为农民提供技术指导、市场分析、政策法规宣传等服务。

4. 支持农村基层组织建设

农村基层组织建设是党的全部工作和战斗力的基础，加强基层组织建设是加快农村经济社会发展，确保农村和谐稳定、长治久安的一项重要工作。一是积极支持村级综合服务网络平台建设。通过整合资源，建立为民服务站（点），为基层组织开展政策宣传、党务政务公开、信息咨询、技术培训、电子商务、乡村旅游等创造重要条件；开展代办代理服务，努力为群众开展政务服务、商务服务、村务服务、便民服务，让群众办事不出村。二是积极支持农村精神文明建设。积极支持农村思想道德建设，支持创建"文明村寨""星级文明户""五好文明家庭"，支持培育文明乡风、优良家风、新乡贤文化。增强农民的国家意识、法治意识、社会责任意识，提高农民素质和农村社会的文明程度。三是支持乡村治理机制的建设。支持依法开展村民自治实践，探索在村党组织领导下的村民自治的有效实行形式；支持农村社区建设试点工作，完善多元共治的农村社区治理结构；支持治理农村社会不良风气，整治农村"黄、赌、毒"等突出问题，为完善和创新乡村综合治理机制提供必要的条件。

第八章 文山州马关县都龙社区
"四位一体" 探索

第一节 马关县都龙社区基本情况

一 基本情况

1. 人口、地形及资源优势状况

都龙社区共有 30 个村小组，项目区覆盖 5 个村小组，分别为大树脚、菜园子、来龙、水沟、荞菜湾村小组。项目区共有 273 户 1160 人，其中少数民族人口为 381 人，全村劳动力人数 672 人。项目区平均海拔 1284 米，年平均气温 18℃，年降水量 1300 毫米。该区域目前种植杨梅、沃柑等经济作物，种植水稻、玉米、蔬菜等传统农作物，全村耕地面积 785 亩，人均耕地面积 0.67 亩，林地面积 2774 亩，荒坡荒地面积 2510 亩。

2. 区位优势

（1）地理位置。都龙社区位于马关县都龙镇，交通方便，距县城 25 公里。都龙社区东邻金竹山村委会，南邻东瓜林村委会，西邻大寨村委会，北邻大寨村委会。社区面积共 23.7

平方公里，北部的老君山与南捞乡接壤，属土山区。项目区为大树脚农业开发片区，5 个村小组所处位置交通便利，最远的地方距离都龙镇 6 公里，最近 0.5 公里。

（2）经济产业结构。项目区主要以种植业、养殖业为经济来源，项目区目前成立了都龙镇大树脚杨梅种植专业合作社和都龙镇水沟村白龙山畜禽养殖专业合作社。目前，都龙镇大树脚杨梅种植专业合作社种植杨梅 635 亩；都龙镇水沟村白龙山畜禽养殖专业合作社年生猪存栏 500 头，出栏 1200 头。其他主要以种植水稻、玉米、蔬菜等传统农作物为主。

（3）基础设施。大树脚农业开发项目区的 5 个村小组的通村公路虽全部硬化，但道路等级低，通畅率不高。供水主要以自来水供给为主，缺乏农田水利灌溉沟渠等基础设施。电网改造已经全部完成。2015 年荞菜湾村级组织活动室建成，项目区内的文化活动室已经全部建成。由于大树脚文化活动室建成于 2010 年，不能满足目前村民活动的需求，需另建大树脚村综合公共文化服务活动场所 1 间。目前，村内无垃圾处理池、污水管网，无绿化、美化、亮化设施，农村公共服务设施配置滞后。

3. "四位一体"建设内涵及问题

"四位一体"建设是以"提升农村人居环境、扶持村级集体经济发展、提高农村公共服务水平、支持农村基层组织建设"为主要目的的村级建设工作具体来说，是提升农村人居环境，增强农村经济社会发展活力，推进城乡基本公共服务均等化，加快建设"布局科学合理、服务功能完善、人居环境优美、村强民富和谐"的美丽宜居乡村，丰富农村综合改革内涵，完善改革内容，放大改革效应。在"四位一体"建设的过程中，都龙社区也遇到了以下几方面的问题。

（1）农业方面。大树脚农业开发项目区建成后，杨梅的种植规模为635亩，沃柑的种植规模达到4000亩，种植共需要土地3500亩，但农业生产基础设施建设投入成本高，投入不足，农业基础设施薄弱，制约了农业经济的发展。产业化经营水平低，农民组织化程度不高。

（2）农村方面。目前项目区共有危旧房38间，距"四位一体"的"提升农村人居环境"的要求还有很大差距。项目区总体发展水平低，经济总量小，抵御市场风险的能力弱，缺乏发布农业发展形势、农产品价格、农产品供需、农产品销售、农资购买和气象情况等综合信息的服务平台。农村文化的发展需要一定的物质载体做支撑，项目区电视、电话，以及电脑、网络的发展滞后。

（3）农民方面。农民思想观念落后，技能水平低，部分村民对"四位一体"建设的主体意识不强，存在"等、靠、要"思想，缺乏建设的主动性和积极性。另外，青壮年外出务工，留守人员年老力衰。

此外，项目区基本公共服务水平低，公共卫生条件差，养老、救助等社会保障体系尚未完全建立。基层组织管理能力薄弱，村委会仅仅起到政策的传递作用，对"四位一体"中的居住环境、农业经济、公共服务的建设内容缺乏系统、深入的思考及专业的建议。

二　都龙社区"四位一体"建设的有效性

1. 总体思路

都龙社区依托云南财经大学现代设计艺术学院、云南强瑞新能源有限责任公司、昆明民用建筑设计院组成的强大的设计、研发团队，打造布局优化、类型丰富、功能完善、特色鲜明、社会效益显著提高的试点村落。通过休闲农业的打造使农民收入实现较快提高，通过就业培训提高服务水平，使社区的可持续发展能力进一步增强，为试点村居民提供看得见山、望得见水、记得住乡愁的高品质创意水果王国休闲旅游体验。

2. 创新之处

（1）政、企、校、研多单位合作，专业设计能力强。云南财经大学现代设计艺术学院、云南强瑞新能源有限责任公司、昆明民用建筑设计院共同设计、研究、分析，确保"四位一体"建设内容科学、实践有效。

（2）运用新技术、高科技，降低生产成本，打造生态环境。云南强瑞新能源有限责任公司提供的 CIGS 薄膜玻璃光伏发电、秸秆有机肥、中科纳米节能灯系统、道路固化剂等技术，能有效降低农村住房改建成本，将人、畜粪便处理成有机肥，增加农民收入，建设绿色环保生态环境。

（3）科学引入 PPP（Public – Private – Partnership）模式，降低政府投入成本，提高资金利用的有效性。云南强瑞新能源有限责任公司实力雄厚、技术先进、人才济济。都龙社区与之合作，云南强瑞新能源有限责任公司提供资金支持，派专业技术人员对社区农民进行指导，对当地农民进行技能培训，在这种模式的推进下，"四位一体"建设成效会很明显。

（4）鼓励村民积极参与"四位一体"建设。在民居改建、道路修筑、产业经济发展中，各科研单位及企业在定目标、出方案、制定具体建设内容的时候以村民为主，调动农民的积极性，创造农民增加收入的机会。

（5）发展电子政务，提高农村公共服务水平。依托电信技术，努力发展电子政务，建立"政务 e 网通"及"农事 e 网通"，用网上处理代替让农民跑腿，办理过程全部在网络上流转，做到让农民"事在村办、证在村拿、钱在村领，困难在村里反映、问题在村里解决"，提高政府办事效率及公共服务水平。

（6）探索政府主导、村民参与的农村社区新型治理模式。通过"四位一体"的建设，加强农村管理干部的素质建设，完善基层农村社区治理结构，提高公共服务供给水平及基层组织的管理能力。

第二节　马关县都龙社区"四位一体"建设内容

一　提升农村人居环境

1. 结合当地实情，建设农村传统住房

针对农村的自然条件及经济发展水平，经过多种建筑结构

模型的对比分析研究，拟采用"钢结构 + 新型夯土"的建设方式，打造都龙社区农村新风貌。该建设方式响应了云南省政府对促进钢材市场健康发展的相关要求，同时挽救了民间传统夯土建筑，在结合新材料、新技术的同时，传承了传统民居的自然精神，使云南的新农村建设朝着原生态、可持续的方向发展。

设计、研发团队在进行住房改建前，充分考察都龙社区的自然条件，对当地可作为建筑材料的土壤、竹、木、石等进行取样收集。在条件允许的情况下将就地取材，用于项目建设。这些自然资源不但体现了当地农村独特的美，而且为农户节约了宝贵的建设资金。

技术上，采用土壤固化剂对土夯墙体进行处理，既保留了原有的质感，又提高了房屋的安全性和舒适性。钢结构框架的主体设计，力求采用传力可靠的结构体系、构造简单的结构节点，让农户在建设过程中能直接参与到建筑材料的生产过程中，就地取材，自助建设，大大降低建设过程中的人力及物力成本。

2. 修建农村基础设施

（1）以杨梅、沃柑的果实、果树、花朵及其吉祥寓意为原型打造各种创意性景观、休闲空间并完成了 38 户的危房改造建设。

（2）大树脚农业开发项目区沃柑基地道路硬化工程 4 公里，路面宽度 3 米。

（3）采用新型材料改扩建进村道路 1 公里。

（4）修建沃柑垃圾桶、沃柑路灯、杨梅休闲座椅等。

（5）大树脚示范区沃柑基地创意农业农田水利铺设灌溉设施4000亩。

3. 整治农村环境

（1）共安装太阳能沃柑、杨梅路灯135盏，其中水沟25盏、来龙30盏、大树脚30盏、荞菜湾30盏、菜园子20盏。

（2）建设生态环保垃圾处理池13个，其中水沟4个、来龙3个、大树脚3个、荞菜湾3个。

（3）建设生态两污无公害化处理设施共214户，其中水沟45户、来龙66户、荞菜湾51户、菜园子52户。

（4）建设杨梅、沃柑吉祥寓意观光旅游绿化带2公里。

（5）设立光伏发电新型能源大树脚示范点59户。

（6）设立民族特色外墙装饰大树脚示范点59户。

4. 修建村级公益设施

完善大树脚农业片区开发项目村公益设施管护机制。充分发挥村民的主体作用，调动村民参与村庄建设和维护的自觉性、主动性和积极性，使村庄管理规范有序，公益设施能长期使用，发挥效益。

二　扶持村级集体经济

1. 打造创意水果王国，发展观光旅游业

依托大树脚杨梅基地、沃柑基地，发展"果业＋"创意体验试点，建设真正的"美丽乡村·乡愁"的体验地。所谓

创意水果王国，其实就是将杨梅、沃柑进行极致化地创意打造，给游客全方位的游憩体验，使之成为地方特色水果的展示窗口，推动水果产业的进一步优化发展。

项目定位：创意水果王国，让果业旅游更上一层楼。

客群市场：针对马关、文山的水果采摘近郊休闲游憩市场。

主要赢利点：杨梅、沃柑的种植、休闲采摘，创意游乐、特色度假等。

发展愿景：打造马关引以为傲的杨梅、沃柑水果生产基地。

2. 产业依托

在进行"美丽乡村"的建设过程中，要深入挖掘地域性的农业产业特色、地域文化特色、传统技艺特色和人民生活习惯特色。在村庄道路景观的美化设计上，以地域的特色果树、蔬菜和花卉作为景观绿化植被，并形成生态景观廊道供居民话家常；大树脚杨梅基地、沃柑基地是在水果种植产业基础上，大力发展观光、休闲、旅游的一种新型农业生产经营形态。深度开发当地农业资源潜力，调整农业结构，改善农业环境，增加农民收入。对居民庭院进行绿化美化的同时，要结合庭院特点进行打造，形成杨梅小院、沃柑小院、盆景小院、农耕小院等特色化的主题院落；村庄景观打造将五谷杂粮的果实作为重要的景观设计来源，各种玉米、水果等农作物作为重要的景观设计元素；在文化生活的设计上，要挖掘整理地域的传统民俗技艺等，推进传统文化的发展。构建综合性的休闲农业区，游客不仅可以观光、采果、体验农作、了解农民生活、享受乡土情趣，而且可以住宿、度假、游乐。

3. 规模要求

改扩建现有的杨梅基地 635 亩，预期 2017 年种植沃柑 1500 亩，建成时，基地的规模将达到 4000 亩（基地覆盖菜园子、大树脚、来龙、荞菜湾、水沟 5 个自然村）。在大树脚杨梅基地、沃柑基地的水果产地，发展针对其他水果特点的采摘农业旅游，打开马关及文山市场的知名度，辐射周边，真正实现一村一品。

4. 创意内容

一方面做好果业采摘观光等传统的旅游发展模式，丰富水果的种植品种，提升水果的种植技术，引入现代科技大棚种植，实现一年四季、不同地带的水果交叉采摘游乐。

另一方面将水果进行创意化设计，形成以水果果实、果树、花朵及其吉祥寓意为原型的各种创意性景观、休闲空间、动漫体验项目，打造杨梅、沃柑创意小镇，在杨梅、沃柑采摘园中设置杨梅小屋、沃柑城堡、沃柑乐园、沃柑垃圾桶、沃柑路灯、杨梅休闲座椅等，甚至可将创意小镇中的服务人员都打扮成杨梅的形态，游客在用餐的进程中所使用的餐具、座椅、房间的包装和制作也可将杨梅、沃柑的元素运用到其中。

三 提高农村公共服务水平

1. 发展电子政务，建立"政务 e 网通"及"农事 e 网通"

通过宽带网络将乡、村级服务站的计算机连到县级电子政务办公的平台上，村民办事只需到村级为民服务站提交申请资料，由村委会干部将资料扫描并上传到"政务 e 网通"或"农事 e 网通"系统，用网上办理代替让村民跑腿，办理过程全部在网络上流转，不用农民带着申请资料，一个单位一个领导逐级登门求人办事，村、乡、县三级办理人员和审批领导按职权阅办，如果在农民申请的时候，所有办事人员都同时在线，那么一个证件从村到乡再到县的审批工作，仅用几分钟就可以办理完毕，使村民办事达到省钱、省时、省力的效果。

2. 建立村级农业综合信息服务网络平台

建立大树脚村级农业综合信息服务网络平台 1 个，一是创建互联网网络平台，购建网络化产销平台 1 个；二是创建手机 APP 终端，搭建种养殖、预防、销售信息化手机终端 1 个。要充分利用互联网、物联网、数据库、高清网络视频等信息技术，运用信息化手段，为农民群众的生产生活提供农业发展形势、农产品价格、农产品供需、农产品销售、农资购买和气象情况等综合信息服务。

3. 建立村级农业科技服务平台

建立大树脚村级农业科技服务平台 1 个，搭建农业科技综合服务平台。采用电话短信、专业人士咨询等方式，为农业生产提供产前、产中、产后科技服务，为农民开展技术指导、市场分析、政策法规宣传等服务。

4. 建立信息化种植、畜牧专业服务队伍

以大树脚杨梅种植专业合作社、来龙白龙山畜禽养殖专业合作社为基础，成立一支具有种植、养殖专业服务的大树脚农业开发队伍，为农业生产、流通、加工、仓储等提供有偿服务。

5. 设立社区服务中心，提高农民公共服务水平

社区服务中心统一设置"四站四室一厅"，即综治维稳站、群众工作站、计划生育服务站、教学站，警务室、卫生室、图书阅览室、文体活动室，综合服务厅。统一社区服务的标准、制定服务规范、优化服务流程，为农村居民提供"一站式服务"，做到"小事不出社区、大事有人代理"。

四 支持农村基层组织建设

1. 建立政府主导、村民参与的农村社区管理新模式

在国家、省、州、县政府的领导下，建立农村社区管理委员会（由乡镇干部、村干部、社区农民组成），管理委员会下设执行机构——村委会，农村社区主要大事由管理委员会决定，由村委会执行。村委会下设住房建设委员会、经济发展委员会、社区服务中心、农村党建文化委员会，5 个村小组派出专人，配合各委员会的管理。住房建设委员会负责本地区住房改建问题；经济发展委员会负责本地区农业经济发展；社区服务中心负责本地区公共服务供给；农村党建文化委员会负责本地区党的建设及农村社区文化宣传。本地区政策的制定由村民集体讨论通过，最终由村委员颁布实施，实现了"群众的事自己议、自己定、自己办、自己管"。

同时，形成以农村社区党组织为核心、自治组织为主体、

群团组织为纽带、各类经济社会组织为补充的社区管理和服务新体系。在完善组织框架的基础上，创新推行社区党务、事务、财务、服务"四务"公开和社区党委初议、联席议事、决策听证、公开办理、定期评议"五制管理"。确定每月9日为"四务公开日"，11日为社区事务公开"民主质询日"，引导社区居民参与社区公共事务，标志着农村社区建设进入组织重建和建章立制的新阶段。

2. 建设综合公共文化服务活动场所建设

建立大树脚村综合公共文化服务活动场所1间，建设集红事白事、村民议事、科学普及、文化宣传、农家书屋、农民实用技术培训等多种用途于一体的村内综合性公共活动场所，成为基层组织开展党员活动、培训学习、教育、议事、素质提升和为村民提供各种代办业务的多功能场所。

3. 定期培训农村社区工作人员

在加强"硬件建设"的同时，为应对政府公共服务下乡带来的社区管理和服务工作政策性、专业性增强的问题，都龙社区一方面大力培训社区工作人员，宣讲相关政策法规和服务标准，提高其业务能力和服务水平。另一方面，对现有制度进行整合、规范，进一步健全和完善全程服务代理、公开承诺、首问责任、限时办结、责任追究等制度，明确社区的服务规范、标准和流程，推进农村社区服务规范化、制度化和标准化。

4. 建立为民服务站

建立大树脚村级为民服务站1个，为基层组织开展政策宣传、党务政务公开、信息咨询、技术培训、乡村旅游等创造条件。开展代办代理服务，努力为村民开展政务服务、商务服务、村务服务、便民服务，让村民办事不出村。

5. 加强社区文化建设，促进农村精神文明建设

创建大树脚农村精神文明建设村，积极支持农村思想道德建设，支持创建"文明村寨""星级文明户""五好文明家庭"，支持培育文明乡风、优良家风、新乡贤文化。增强农民的国家意识、法治意识、社会责任意识，提高农民素质和农村社会的文明程度。

第三节　项目管理及经济效益

一　项目管理

1. 责任目标管理

项目实行层层签订目标责任书的形式，形成一级抓一级的管理体系，根据目标任务和规划内容制定切实可行的考核奖励机制。

2. 计划管理

认真调查分析，充分论证，科学编制"四位一体"试点项目规划，结合实际，因地制宜地制定各类项目的管理实施方案，严格按照项目投资计划、资金筹措计划、工程招投标计划、物资采购计划和技术培训计划逐步推行实施方案。

3. 工程管理

各类子项目，土建、物资、设备采购、咨询服务、组织管

理、监测评价、竣工验收等都要严格执行管理制度和办法。

4. 技术管理

"四位一体"试点项目的各类项目技术管理,在领导小组的统一领导下,由各职能单位具体负责,责任到人,保证项目质量。

5. 参与管理

充分组织、动员农户和社会各界的力量参与项目管理,实行项目建设公示公告制度,接受社会监督,形成合力,保障项目区各项目标如期实现。在项目村成立"四位一体"试点项目监督委员会,委员会设主任1名,委员2名,同时把各项目实施的村小组干部纳入"四位一体"试点项目监督委员会中,监督项目资金的使用情况、项目运行管理情况。

6. 档案管理

切实加强"四位一体"试点项目实施全过程的档案管理工作,按照项目实施特点,适当地选择采取文字或图表、摄影、照片等形式对项目实施情况进行记录,及时收集、整理、立卷和保管,同时按照档案产生在哪一级就由哪一级管理的原则,指定专人负责管理。项目建设完成后,组织相关部门负责人和技术人员按照实施方案的内容和有关设计标准进行验收,并制作验收报告。在验收中发现质量等问题时,责令项目负责人及时采取补救措施或返工,对因不能补救又无法返工造成损失的,依照有关法律法规对责任人进行相应的处理。

二 资金管理

项目资金管理严格按照《云南省财政专项扶贫资金管理办法》和《云南省财政扶贫资金报账制管理办法》进行管理，实行县级财政报账管理制度。坚持项目资金的管理主体不变、投入渠道不变、资金用途不变、使用性质不变、审批程序不变等"五不变"原则，按责权统一、管理规范的要求，由县级各部门制定相应的规章制度，确保项目资金发挥综合效益。

一是实行项目资金管理责任制。坚持资金跟着项目走、项目跟着规划走、规划跟着贫困人口意愿走的分配安排原则，统筹兼顾、整合资源、突出重点、分类实施。明确责任，实行项目、资金管理部门和项目实施单位法人代表责任制。

二是实行项目资金的使用报批制度。各项目由县统一审查立项后逐级上报，由各项目主管部门严格按照对口的上级部门下达的项目资金计划组织项目实施。

三是实行项目资金的使用公示制度。按照公开、公平、公正的原则，利用报刊、电视、网络等媒体，对项目资金的分配和使用进行公告、公示，在项目实施地对项目实施的情况进行公布，对农户的实物或现金补助实行直接发放，自觉接受社会和群众监督。

四是实行项目资金的管理专账核算制度。各部门要严格按照中央、省级的有关专项资金管理办法，对项目资金实行专账管理、专账核算、封闭运行，努力提高资金的使用效率。

五是实行项目资金的管理报账制度。对项目资金实行报账制，做到资金安排到项目、日常管理到项目、支出核算到项目，按项目建设进度核拨资金，确保资金及时足额到位。对投资大、技术复杂的项目，要按照《中华人民共和国招投标法》实行招投标，按规定实行政府采购。

六是实行项目资金管理审计制。每一单项工程完工后，审计部门应及时会同财政、纪检、监察部门，对项目的建设质量和资金使用情况进行专项审计。对建设质量差及转移、挪用、拖欠、挤占、贪污项目资金的违纪违法行为，严肃查处，并追究相关责任人的责任。

七是实行项目资金检查验收制。年度计划完成后，项目实施领导小组按项目实施方案组织检查验收，进行绩效评估。对擅自改变项目实施方案、不按规定用途使用资金、不履行公告公示程序、实施效果明显低于规划预期的行为，予以通报，限期整改。

三　效益分析

1. 经济效益

通过"四位一体"试点项目的实施，改建扩建现有杨梅基地635亩，计划2017年种植沃柑1500亩，实现年产值300万元，预计发展林下养鸡6000只，带动农民100户，到2018年出栏生鸡10000只以上，实现经济效益50万元，农民人均年收入增加1000元以上，农民人均年收入达6000元/年，农民的人均收入增长率保持在17%以上。

2. 社会效益

建成一批与项目村农民日常生产生活的基础设施项目和产业发展密切相关的项目。改善该地区基础设施落后的现状，解决项目村农民的住房难、出行难、用水难、基层组织建设不完善等困难和问题，夯实发展基础，优化经济结构，增强项目村经济发展后劲，促进农村经济发展和农民增收，确保贫困地区农民脱贫致富。

3. 扶贫效益

通过组建大树脚示范区沃柑专业合作社，开展合作经营的方式，将村集体土地、资产或资金通过入股的方式，开展股份合作经营，使入股者获得股份收益。同时，将"四位一体"试点项目实施与部门扶贫相结合，对该村脱贫致富奔小康起到重要的促进作用，预计到2017年年底，273户贫困户将实现全面脱贫，实现贫困村脱贫的初级目标，并进一步增强发展后劲，加快全村经济社会发展，使该村真正成为产业发展、设施完善、生态良好、民生改善、生活富裕、村容整洁、环境优美的少数民族团结进步的示范村。

第九章 云南财经大学精准扶贫

——小马固新寨规划设计实践

第一节 村庄概况

一 项目背景

1. 国家政策

中国共产党十八届三中全会、十八届四中全会精神明确指出，全面深化农村综合改革，积极推进农村公益事业发展，继续深入贯彻落实科学发展观，加快城乡发展一体化建设的目标和任务，以城市和县城为龙头，区域中心镇为节点，中心村为基础，引导人口向县城、集镇和中心村集中发展，二、三产业向城镇集聚，工业化、城镇化良性互动，城镇化和农业现代化相互协调。空间布局要符合城乡经济社会发展的需要，把村镇规划设计切实放到统筹城乡发展、加快城乡发展一体化的重要位置来抓。在 2016 年的 G20 峰会上，习近平总书记再次强调："我们将顺应人民对美好生活的向往，不断提高人民生活质量和水平，健全公共服务体系，扩大中等收入者比重。特别是要加大对困难群众的精准帮扶力度，在2020年前实现现行标准下5700多万农村贫困人口全部脱贫，贫困县全部摘帽。这是我们对中国人民做下的庄严承诺。"这表明了中央对新农村建设以及农村脱贫致富的强有力的态度和决心。

住房和城乡建设部关于改革创新、全面有效推进乡村规划工作的指导意见指出，到2020年，全国所有县（市）要完成县（市）域乡村建设规划编制或修编，明确乡村体系，划定乡村居民点管控边界，确定乡村基础设施和公共服务设施建设项目，分区、分类制定村寨整治指引。通过规划编制，实现乡村建设发展有目标、重要建设项目有安排、生态环境有管控、自然景观和文化遗产有保护、农村人居环境改善有措施。

2. 云南省政策

《云南省人民政府关于进一步加强城乡规划工作的意见》中提到，我省城乡规划工作虽然在促进城乡经济社会与环境协调发展方面发挥了积极作用，但也存在"规划意识不强、水平不高、权威不够、执行力不强"等问题。乡镇规划管理薄弱，普遍存在盲目无序的建设现象，农房设计、风貌控制和民族文化传承等方面的问题突出。

文件中要求全面抓好村寨规划编制工作。遵循"政府主导、村民参与、需求导向、方便实施"的要求，提高乡村规划编制和民居设计水平，建设宜居、宜业、具有浓郁乡土民族文化要素的农村新村、新房、新景、新产业。在 2016 年年底前完成美丽乡村、传统村落以及沿边地区、重要交通沿线、重点旅游区及风景名胜区等区域村寨的规划、提升和完善工作，在 2017 年年底前完成全省村寨规划、提升和完善工作。

3. 马关县坡脚镇政策

近年来，坡脚镇党委、政府认真贯彻落实党的十八大提出的全面建成小康社会的战略部署，以上级支持为依托，以群众自主参与为基础，加大农村基础设施建设的力度，改善群众的生产生活条件，使新农村建设水平进一步提升。坡脚镇小马固村委会新寨村小组依托交通、土地等优势条件，实施饮水、道路、房屋改造等项目，使全村的基础条件得到大幅度改善，通过实施省级重点建设村项目，建设科技文化活动室，道路硬化、排污沟项目，美化亮化环境、卫生整治等工程，将该片区基础条件全面完善，发挥示范引领作用，带动全镇的新农村建设。

4. 小马固新寨规划设计背景

2015 年 11 月，云南财经大学"挂包帮"扶贫点由文山州富宁县转到马关县。马关县是国家级贫困县，国家对其提供了大量的政策以及资金支持，在国家 2020 年以前实现全面脱贫的大政策下，马关县迎来了巨大变化。新农村建设需要规划设计、村民危房需要维修改建，云南财经大学在第一时间对马关县投入了巨大的人力和物力，云南财经大学钟正山美术馆、设计艺术学院，作为最早接受扶贫任务的部门，先后派出多名专家赴现场考察，安排设计艺术学院2012级环境艺术专业的10名毕业生和指导教师组成项目组，进驻小马固新寨村，开始了对村子的规划设计实践（如图9-1）。

图9-1 小组成员照片

二 村寨概况

1. 基本情况

坡脚镇位于马关县东北部，面积为193.87平方公里。文都二级公路穿县而过，是马关县同外界交往的一个交通要道。坡脚镇距县城22公里，东隔盘龙河与西畴县马街相望，南与马白镇马尾冲、腰棚新寨、马洒、下寨、沙尾冲村委会相接，西邻大栗树乡的大马固村委会，北接文山市柳井乡。全镇辖12个村委会，152个自然村，164个村民小组5786户23739人，其中农业人口22619人，占总人口的95.3%。境内居住着汉、壮、苗、彝、傣等民族，其中，少数民族人口共10160人，占总人口的42.8%。

小马固新寨的少数民族主要以傣族为主，共有农户64户，共286人。其中，农业人口286人，占总人口的100%；少数民族人口271人，占总人口的95%；青壮年劳动力213人。2014年年末，小马固新寨的耕地面积332亩，农民人均耕地面积1.16亩，耕地中大部分耕地坡度大、区域内水利设施滞后、科技应用落后、土地开发水平低，单产低。2014年，全村粮食作物的播种面积280亩，粮食总产量58吨；生猪存栏510头，出栏287头，年末大型牲畜存栏140头（匹），出栏69头（匹）。农民人均粮食占有量305公斤，农民人均纯收入4350元，小学入学率100%，广播电视收视率100%。

2. 区位环境

小马固新寨村位于坡脚镇西部，距镇政府4公里，距离村委会5公里，距马关县城约25公里，距文山市约50公里，是文山到马关县的必经之地，交通区位优越。2016年9月文山至马关的高速公路破土动工，该工程竣工，文山至坡脚交通耗时可缩短至20分钟，新寨与文山市、马关县城以及云南省其他城市的联系将变得格外紧密。小马固新寨周边东面与文都二级公路相连，西南部通过村道路与小坡脚、老马固相连。

3. 自然概况

（1）气候条件。小马固新寨的气候属亚热带东部型山地季风气候，低山河谷炎热，半山浅丘暖湿，高山温凉，具有气候温和、雨量适中、冬无严寒、夏无酷热、干湿季分明的气候特点。年平均气温23.5℃，年降水量1150毫米。

（2）土地条件。新寨村小组土地资源丰富，有耕地332亩、林地2200亩、牧草地23亩、荒山荒坡210亩。通过基础设施建设，可为项目区的综合开发、农业产业结构调整提供广阔的空间。

（3）水资源条件。新寨村平均海拔1420米，年降水量1150毫米，水源点多，水资源丰富，完全能满足全村生产生活和项目用水。

三　村落及周边资源条件分析

1. 季节湖

马关县所在地的地貌为典型的喀斯特地貌。喀斯特地貌是具有溶蚀力的水对可溶性岩石（大多为石灰岩）进行溶蚀作用所形成的地表和地下形态的总称，又称岩溶地貌。除溶蚀作用以外，还包括流水的冲蚀、潜蚀，以及坍陷等机械侵蚀过程，经过地表水的侵蚀后，在地下形成了丰富的地下河流系统。马关县尤其是坡脚镇范围内，地表土层薄，几乎无地面河流，水源在地下形成了丰富而且循环的地下水流系统，根据季节特征，地下水每年都会出现周期性的规律流动。

以小马固新寨为中心的区域为石漠化地带，是典型的喀斯特地貌区，周边分布着11个季节湖。季节湖因初夏水源从地下涌出，形成湖泊，冬季水源又从出水口回到地下的周期性、固定性的现象而得名。夏季，从地下涌出的流水，在洼地形成面积大小由几十公顷到几百公顷不等的湖，湖水清澈，风景如画。冬季，水源回到地下，形成巨大的草场。当地村民根据掌握的出水与落水的周期性、季节性变化，当水流退去后在湖底种植玉米，利用"天窗"（当地村民把出水口叫天窗）的进出水进行捕鱼。

老麻姑季节湖位于老麻姑村村脚，并因此得名。季节湖海拔1370米，水域面积200多公顷，是离新寨最近的一个季节湖，直线距离3公里。老麻姑季节湖从地下出水至达到峰值时的蓄水量为1.4亿立方米，一年中蓄水期可长达8个月。湖面四周环山，植被保存完整，无污染源，一到夏季，蓝天白云，形成人间佳景。季节湖内盛产一种半年生活在地上、半年生活在地下，被当地村民称为"不见天"的鱼。这种"不见天"的鱼又叫麻姑鱼，肉质细嫩、味道鲜美，因老麻姑季节湖而得名的麻姑鱼，是当地群众争抢的美食。

季节湖周期性的规律变化形成的湖泊以及优美的草场景观，属于岩溶地质典型的喀斯特地貌。峰状的群山如林，天窗、地隙、溶洞、暗河、地泉、洼滩、瀑布、石林、水淹地、堰塞湖组成奇景奇观，是喀斯特地貌的缩影（如图9-2）。这些均是坡脚镇、马关县，以及文山地区潜在的旅游资源，尤其对昆明或是云南省的其他城市的人们有着巨大的吸引力，是小马固新寨村庄规划时需要考虑利用的巨大资源。

图9－2　小马固季节湖

注：左图为夏天的季节湖，右图为冬天的季节湖；图片均由坡脚镇镇政府提供。

2. 村落周边环境资源

（1）龙山。马关县地处傣族居住地，该地有形状优美、林木繁茂的山峰，这些山峰被命名为"龙山"，傣族居民对龙山上的一草一木格外重视，从不到山上进行乱砍伐或是移栽野生的花草，所以傣族居住的村落，"龙山"的自然资源条件最好，是草木茂盛，风景优美的天然大环境。新寨的"龙山"处在中心民居的南面，是民居绝好的天然大屏障，这里植被丰富、林木高大茂盛、郁郁葱葱，在马关坡脚以石头山为主、植被低矮的大环境下，起到了改善区域环境的作用。

新寨的龙山山腰土层较厚，大树参天，枝叶繁茂。龙山由低往高处，植被品种丰富，土层逐渐变薄，山顶树木比山腰渐显矮小，但山崖逐渐增多，怪石嶙峋，风景奇异。龙山山顶是整个区域最高的山峰，爬到山顶，可以将整个村落尽收眼底，是登山、攀岩、赏景的绝好资源。

（2）落水洞及天然溶洞。村西面为全村地势最低处，有一个天然落水洞，村落周边的河沟山泉以及雨水等，都由此流入地下，汇入地下暗河。该落水洞周边有几个大石头遮挡，虽然不能窥见洞内景象，但在洞边可以听见水流落入洞中的嗡嗡声。

与落水洞相隔150米左右西面农田的尽头，在山体脚下，有一个巨大的天然溶洞，洞前有一个天然水塘，水塘面积约200平方米。据村民介绍，冬天寒冷季节，当洞内动物冬眠时，可以沿此洞穿行到山背后的老麻姑季节湖景区。该溶洞与落水洞都是喀斯特大环境下的典型风景，是村落开发利用旅游业的好资源。

（3）田地资源。新寨村四周为山，田地被山环绕。该处地型主要分为两种，一种是不能储水的山形缓坡地带，主要分布在村落入口的地方，这里的农作物主要以生姜、玉米为主，均为耐旱性作物。另一种为村落两个片区之间的冲地，这里长年有水流，田地形状呈类梯田形状，冲地从入村处一直延伸到村西面，此处地势由高到低逐渐开阔，目前主要作物为稻米，春、夏的时候具有很好的景致。由于当地的气候因素，作物只耕种一季，冬天的时候，耕地成为大片的空地，这为村落开发新的具有复合型功能的区域提供了较大的空间场所。

3. 新寨傣族民族文化资源分析

（1）新寨傣族的源流。文山马关地区的傣族中流传的故事称当地傣族为"器傣"，是由"器"地（昆明）迁来的傣族，从历史源流来看，文山傣族经历了从西双版纳经思茅到昆明，再由昆明经开远、蒙自向文山以及越南迁徙的过程，后经岁月的流逝，又有傣族从越南向文山、红河等地回迁的情况。

马关傣族主要分为黑傣（傣丹）、白傣（傣皓）和红傣（傣良），其中，黑傣的人数最多。黑傣的服饰颜色以黑色为主，白傣服饰颜色以蓝色为主，红傣服饰颜色以红色为主。小马固新寨的傣族全为黑傣，服装为黑色配蓝色条纹，头戴三角形山形帽，寓意为头顶着房子的民族，走到哪里都可以遮风避雨，吉祥平安（如图9-3）。从新寨祖墓最古老的墓志及新寨傣族族谱的谱系可知，自清康熙年间迁入至今已有200多年的历史，最早迁入的姓氏有张姓、刀姓和董姓，目前村落中当时迁入的三姓中只剩张姓，之后又有柏姓、陶姓迁入，但张姓仍为大姓。

图9-3　村内的傣族老人

（2）宗教以及传统节日。小马固新寨保留着较多的传统节日以及传统民俗，傣族宗教信仰主要是原始崇拜，其次为佛教，信奉的神灵有牛王神和观音菩萨。傣族是具有悠久农耕文化传统的民族。牛王神为原始崇拜的神化形象，主司六畜兴旺、风调雨顺、农事顺利，人们安居乐业。新寨傣族受到汉文化巨大的影响，在每户人家中，一楼都会设置堂屋，堂屋正中会设置神龛，背面供奉着"天地国亲师"的牌位。新寨龙山上建有一座土地庙，庙分三间，分别供奉观音、土地公和牛王神。牛王神弯腿单立，形象生动、朴实可爱，头带三角形高帽，这一神灵的原型完全出自马关地区傣家的民族形象，神像由摩公（音译，专门祭祀的人员）所塑。村内目前有6位摩公，最年长者66岁，统领全村其余5位摩公，共同完成全村大小的祭祀活动，摩公全为男性，且目前村内的6位摩公都为祖辈世袭传承。

新寨大多数节日与汉族一样，如端午、七夕、中秋、春节等。此外，新寨还有自己特有的节日，如农历正月初二祭祀牛王神节、农历二月第一个属马日祭祀太阳神节、农历六月间的景库节、祭龙节等。

每到一个祭祀的节日，摩公们都会提前三天进行沐浴斋戒，做好充分的准备。祭祀太阳神节，摩公们会穿上蓝色的长衫，郑重对待。头一天杀猪宰羊，做好一切准备工作，当第二天太阳升起的一刻，开始进行祭祀，每户人家出一名代表，且只能由男性成员到场，按顺序进行祭祀跪拜仪式，祈求丰收平安。

景库节为一年中最重要的节日，相当于汉族的春节。景库节又称"姑娘节""花饭节"，是出嫁的女儿回家的日子，同时也是村内年轻人走亲访友，结交异性的好时机。在节日内举行的传统活动有象征性的泼水仪式、全村共同的祭祀活动、青年男女的对歌活动。泼水仪式和青年男女的对歌活动，都具有很强的参与和娱乐性，是开发旅游的民族资源优势条件，对外

界存在着巨大的诱惑力。景库节的祭祀活动的资金由全村共同
筹集，购买一头成年大猪，由 6 位摩公宰杀，在龙山土地庙完
成祭祀等活动后，将祭祀后的猪肉均分到每一户人家，以祈求
让每一户人家都能受到护佑（如图 9-4）。

六位摩公（祭师）　　　　　　　　　　景库节杀猪祭祀

景库节均分猪肉场景

图 9-4　景库节祭祀活动

　　至今，新寨村内这些传统的节日都保留非常完好，是摩公
以及全体村民都郑重地对待并逐项完成的活动。他们以这样的
方式保持着对自然以及长辈的敬畏和尊重。长久以来，这里仍
保持着一份优质的环境资源，一份善良和谐的生活态度和邻里
互帮互助的民风，这些都是新寨村在以经济建设为发展核心的
规划过程中需要好好利用的先天优势。

四 村落现状分析

在我国 2020 年全面脱贫的大政策下，国家给了马关地区较好的政策与资金支持，据此，马关县政府出台了相应的政策，为马关县美丽乡村建设制定了一系列的措施和精准扶贫的方案。小马固新寨为马关地区典型的傣族村寨，被列为重点示范村落的建设样板，需要立即着手进行美丽乡村示范建设，为其他村寨做出示范。当地相关部门提出目前面临建设时间紧、任务重，建设无规划，施工无依据的实际情况，云南财经大学接收到对小马固新寨设计帮扶的信息后，立即组织了相关人员在第一时间进驻新寨村（如图 9-5）。

图 9-5 项目组成员进驻新寨村进行调查研究

1. 村庄现状分析

新寨村由一条 3 米宽的水泥路与文都二级公路相连，道路蜿蜒曲折，从坡脚镇政府出发，十分钟左右的车程，即可进入村子。村子由南北两个片区构成，北部人数相对较少，南部是村子的中心聚落部分。南北片区之间为低洼冲地，冲地内种植水稻，地势由高向低逐渐延伸，具有较好的田园景观。南部片区第一、二户人家，居住在向上抬起的台地上，房屋的墙面为石头砌筑，整个房屋建筑的层次错落有致。村中心，已经开始了拆除工作（如图9-6），从拆除后的地基可以看出已经拆除了十来户，村民都被动员了起来，他们有的在拆房屋上的瓦片、椽子和房梁，有的将拆下的长年被火塘烟熏的漆黑的房梁木料装车。在场地的周边，随处可见从老屋里拆下来的木楼梯和一些还未来得及装车的房梁木柱被一堆一堆四处搁置着。家用物件，如农耕犁具、收稻谷的传统甩斗、木质风箱、石头水缸、神龛以及一些不常用的木质小柜都随意堆放着，这些家用物件从外观看，已经经历了一小段时间的风吹、雨淋和日晒。同时，在场地的另一边上，一台挖掘机正在对边上一栋房屋的夯土墙进行拆除，就在当晚，一车老木料从村内拉出，结束了这一车木料作为房屋建筑材料的最终使命。

图9-6　村民自己拆除房子

资料来源：由坡脚镇镇政府提供。

还没有被拆的房子，可以看出其建筑模式。这些房屋均为两层的建筑形式，房屋之间错落有致，顺地势而建，高低起伏。房屋主要由夯土、砖木结构建造，墙面材料主要由石头、夯土墙、黏土砖、杉树边皮、红砖等构成，形态不一。大的房屋作用主要为居住，这些房屋之间有很多用小单体石棉瓦或片瓦搭建的猪舍、牛舍，家畜都采用地圈养殖的方法。这种猪舍、牛舍的建造方法为四周围一矮墙，顶上搭一棚子，牲畜就圈养在其中。每天村民都会对牲畜圈进行打扫，用水对地圈直接冲洗，但由于没有化粪池等处理设施，猪圈里的粪水从圈中直接被冲到道路上，与路上的泥土和石头混杂在一起，最后流到相对低洼处，沉积起来，散发出臭味，严重影响生活环境和村民的身体健康。被拆后的小马固村如图9-7所示。

图9-7　被拆后的小马固村

村内夜间无公共照明设施，很多户人家的房屋前面都有用石头垒砌的圆形水窖，用以储水以满足日常生活的人畜饮水。村中心部分居住密度相对较大，树木栽种比较少。中心区域，有一座公房还未被拆除，面积约20平方米，是村内集中处理公共事务的场所，除此之外，村内无其他公共建筑或公共娱乐设施。村内除年长的妇女穿着黑色镶蓝色花边的衣服、头戴三角高帽的服饰、使用他们的民族语言之外，很难再找到其他和傣族相关的元素和符号。

2. 建筑现状分析

由于马关地区经济相对落后，小马固新寨村的村民普遍处于贫困的境地，村内民居建筑几乎都保持着传统的建筑风貌和式样，建筑高度大都为两层。近年来，一些村民由于经济收入的增加，开始将原有的老房拆除，三到四层砖混结构建筑日成趋势。经过考查、调研，基本可将村内建筑按不同阶段内建造的建筑式样划分为三个时期。第一时期的建筑基本为20世纪90年代之前的建筑，第二时期的建筑基本为20世纪90年代至21世纪头十年之间建造的建筑，第三时期的建筑基本为头十年以后建造的建筑。

村内第一、第二时期的建筑，都为坡屋顶形式。瓦面为传统烧制方法烧造的响瓦，颜色为深灰色，外观朴素美丽，与当地自然环境融为一体，传达出当地特有的乡村风情。但经过调查，项目组发现响瓦在使用上也存在着一定的缺陷，瓦和瓦之间的衔接通过重力搭接，若遇到强风或是小型动物长时间的破坏，瓦和瓦之间会出现缝隙，经常会发生漏雨的现象，所以每一年都需要对瓦进行维护处理，耗费大量的人力物力。村内现存的土木结构房屋瓦顶几乎都存在漏雨的现象，对屋内的木构架造成了一定程度的腐蚀，使木结构房屋变形，存在安全隐患。另外，村内还可见到一些用杉树皮做的屋顶。经过了解，在二三十年前，杉树皮与茅草都是民居建筑屋顶的主流材料，现在只零星出现在猪圈或是院子夯土墙的墙顶（如图9-8）。夏季通常是剥树皮的最好时节，此时剥下来的杉树皮不生虫，耐日晒雨淋。

图9-8　杉树皮屋顶

第一时期的建筑为传统的夯土加木结构形式的建筑（如图9-9），这是在文山马关地区由山林围猎的生活转变为农耕文明的过程中，延续了几千年的建筑形式。在岁月变迁中，这种形式的建筑虽然经历着不停地拆建和修补，但由于建筑材料和建造技术从未发生改变，建筑形式也从未发生过改变。另一方面，因为建筑材料来自当地自然资源、没有经过化学加工、建筑层数为两层等的因素，由这一时期建筑形成的村落，都与大自然融为一体、和谐共存。这一时期的建筑墙体都只修建到侧面启山花墙的位置，从立面上看是一个矩形的墙体，建筑三角形木构架由此处高出，形成山花，此处村民用一些竹条围成篱笆等用来挡风挡雨。建筑外有一宽度约为2.4米的檐口生活空间，左右两边为耳房。平常一家老小的生活、吃饭、纳凉、会客、闲聊等日常活动都在檐口生活空间内完成。屋内一般分为三隔空间，中间为堂屋，堂屋后部设置屏墙，屏墙后面为楼梯，前面设置一神桌，上面摆放着"天地君亲师"的牌位，已故先人的照片以及香炉等。堂屋的一侧为两个房间，另一侧设一个房间，剩下的一个房间与檐口下耳房相通，形成宽敞的灶房和火塘空间，满足一家人的生活起居。一楼几乎不开窗，室内空间较暗，二楼几乎不进行分割，一般用来储存粮食并放置一定数量的床位，满足家庭人口休息的需要。二楼的墙体几乎只修建到比楼面高80厘米左右的地方，该墙上方用竹条或竹篱笆围挡，二楼空间采光相对充足，但保暖效果不佳，当天气比较寒冷的时候，这种建筑形式会给生活带来诸多的不便。

图 9 - 9　第一时期夯土加木结构建筑

第二时期的建筑为砖木结构的房屋（如图 9 - 10）。将其归于一类，主要因为这一时期修建的建筑有一些共同的特征。

首先建筑材料发生了改变，都改为火烧砖墙面，其中早一点的墙体为清水砖墙，相对较晚建造的房屋都为混水砖墙面，建筑正面贴着各种式样的瓷砖。其次，这一时期的建筑几乎都将第一时期建筑的檐口披厦改建成了晒台，满足晾晒、观景的需要。再次，这一时期的建筑都保留了和第一时期极为相似的内部空间分布特征，屋内不开窗，或是开很小的窗户，造成室内空间黑暗。最后，这一时期建筑的二楼墙体一直建到屋檐顶，和第一时期宽敞的二楼空间有所区别，两面山墙为硬山顶的形式。

图 9 - 10　第二时期砖木结构建筑

第三时期的建筑全部是近年来修建的砖混结构建筑（如

图9-11），从外观和建筑形态来看，和第一、二时期已经发生了彻底的改变，室内空间布局基本没有章法可循，建筑外观最大的特点就是不再有斜坡顶，建筑高度都变成了三层或是四层，属于完全标准的方盒子建筑，建筑表面和第二时期的类似，除正面墙体会贴上彩色瓷砖外，其余三方依然为混水红砖外墙表面。村民都在老屋原址上将老夯土房拆除重建，新建的房屋与房屋之间由于地基和建房朝向等因素受当地观念的影响，从建筑的正面来看，特别是处在后面的一栋建筑，在建筑采光和建筑视野方面完全被前面一栋建筑挡住。在一些局促的地方，建筑呈现的状态类似城市中出现的"城中村"的方盒子建筑的样貌状态。

图9-11　第三时期砖混结构建筑

通过比较以上三个时期的建筑风格，第一、二时期的建筑的外形和建筑空间在布局上具有高度的相似性，而第二、三时期的建筑使用了新的火烧砖材料，并且可以浇灌楼板，在建筑外墙和建筑物理性能方面存在更多的共通性。通过对村民的走访调查得知，他们将第一时期的夯土房视为"老房"，将第二、三时期的建筑视为"新房"。村民普遍持如下观点："老房"为土墙，会开裂、会掉土屑，老鼠会在屋内打洞，整个屋子显得脏；"新房"是潮流的趋势，是时尚与财富的象征，是娶得上媳妇的资本，是打了"翻身仗"的绝对标准。村民同时也承认，在"老房"内可以"烧火"（火塘生火，以火为中心的生火习惯），住在"老房"内更有冬暖夏凉的感觉。

近几十年来由于经济发展、建筑材料和建造技术的改变，马关地区的建筑形态发生了不小的变化。从现代社会发展和劳动分工的更专业化、分工化和农村逐渐越来越远离自给自足的小农经济的生产方式来看，夯土建筑的确正在逐渐走向消亡的境地。同时第二、三时期的建筑也越来越远离乡土性，走向在城市受到极大唾弃的"城中村"的形态。对乡土材料的研究和创新利用，对农村新的生活起居方式的研究，让建筑回归乡土性，让改造变得更容易，农村建筑的集约化、模块化将会是未来农村建筑发展的新趋势。

3. 交通分析现状

村内建筑依山就势，随地形起伏修建，错落有致、层次丰富。村内空间环境随建筑院落的排布疏密有序，村内道路蜿蜓，具有丰富的夹巷景观。道路尺寸满足原始农耕形态下的肩挑背扛的耕作方式，但不能够满足当下及未来现代化社会的需求。一些地方道路的宽度可以达到4米，能够满足当下生活的需要，但在诸多地方道路的宽度不足3米，该空间不足以设置转弯半径，不能够满足现代化农业耕作机械的要求以及现代化生活的需要，同时也存在较大的安全隐患（如图9-12）。

图9-12　小马固新寨村内道路

4. 基础设施分析现状

供水：村内在龙山脚下有一石砌蓄水池，储水量为40立方米。

排水：村内目前没有进行雨污分流，道路的两旁没有收集雨水的明沟，雨天的时候道路会变得非常泥泞难行。

电力：在村入口北部的农田里，目前有一部50千伏安的变压器。

电信：村内目前没有网络线，有线电视覆盖率为100%。

环卫：村内目前没有垃圾桶，没有垃圾处理终端，村内存在垃圾到处乱堆放的情况。

第二节　规划总则

一　规划原则

1. 城乡统筹

随着文山至马关的高速公路建设以及马关县以小马固新寨为中心的石漠化治理专项道路建设的开展，小马固新寨与马关县城、文山县以及云南省其他城市的联系变得十分紧密，在新寨产业发展以及乡村规划建设等方面，需要综合考虑新寨与马关县以及文山县之间的用地布局、配套设施、生态环境等多方面的相互关系，并以此确定新寨村落发展定位，预测发展趋势，制定规划措施。

2. 因地制宜

小马固新寨周边具有丰富的季节湖资源，村寨周边有龙山、落水洞、天然溶洞、大片良田景观以及丰富的傣族文化资源，因此，在规划设计时须利用和保护好这些资源，同时以村民为本，培养新型农民，帮其建造生态家园，打造特色村庄，提高农民的生活质量，提升农村的发展水平。

3. 生态优先

在规划新寨产业发展以及建设的同时，需优先做好生态保护工作，保护好山林树木，注重建设与自然环境的和谐程度，进一步深化低碳环保理念，实现经济和社会的可持续发展。

4. 尊农重农

规划建设必须以村民为主体，发挥村民的主体性与主动性，充分尊重农民意愿，不搞大拆大建。对需要拆除的住房、设施等，要先征得农民同意，并根据相关标准给予补偿。

5. 继承和发扬傣族文化

小马固新寨村资源具有浓厚的傣族特色，拥有特色的传统节日，在村寨规划设计时需继承与发扬乡土文化，对物质文化与非物质文化的保护做综合考虑，与村庄生产发展、村风文明等工作相衔接，通过打造独具韵味、凸显傣族文化的特色村庄，以形成巨大的市场吸引力。

二 规划目标

小马固新寨村的规划需要结合村落周边资源和村落自身情况，依托季节湖旅游资源，发展好村落西面大片的泰国香米种植、稻田养鱼和早熟水蜜桃种植产业，发挥傣族特色文化资源优势，充分利用好小马固新寨交通便利的优势，将小马固新寨打造成具有傣族特色的旅游村寨。对村落进行科学规划、合理布局，将小马固新寨建设成为环境优美的秀美之村；延续傣族传统文化，将小马固新寨打造成文化特色鲜明的魅力之村；补充功能和服务，健全配套的基础设施，建设生活保障完善的幸福之村；发展季节湖旅游、休闲旅游、生态养殖，打造"漫游、慢食、乐活"为一体的观光之村。

三　规划范围

本次规划综合考虑建设现状用地边界、地形图范围、村落形态的完整性以及周边环境的地形地貌，以确定此次村寨规划的范围。本次规划的范围主要为小马固新寨村的建设用地范围，以村庄四周的自然山体为界，规划总面积317.1亩，约21.14公顷。

四　规划年限

小马固新寨规划年限从 2016 年至 2030 年，共 15 年，共分为现状、近期、和远期三个时期，具体年限如下：

现状：2016 年；

近期：2016 ~ 2020 年；

远期：2021 ~ 2030 年。

五　发展规模

小马固新寨村现有人口共 64 户，共 286 人。该村人口近年来的自然增长率为5‰，预测人口机械增长数（一国或一个地区在一定时期内由于人口迁入和迁出而引起的人口数量变化）为 0。根据人口规模发展预测公式：$\Omega = \Omega_0 (1 + k)^n + p$可计算得出，在规划近期年限末端 2020 年，新寨村总人口将达到 294 人、66 户；在规划远期年限末端 2030 年，新寨村总人口将达到 309 人、70 户。详细计算方法如表 9 - 1 所示。

表 9 –1　人口规模预测

$\Omega = \Omega_0 \ (1+k)^n + p$	2020 年	2030 年
n ——规划期限（年）	5	15
k ——规划期内人口的自然增长率（‰）	5	5
p ——规划期内人口的机械增长数（人）	0	0
Ω_0 ——总人口现状数（人）	286	286
Ω ——第 n 年总人口预测数（人）	294	309
户数	66 户（新增人口按 4 人/户计算）	70 户（新增人口按 4 人/户计算）

根据预测，2020 年，新寨村总人口将达到 294 人，66 户。2030 年，新寨村总人口将达到 309 人，70 户。

第三节　产业发展规划

一　产业规划原则

1. 生态性原则

新寨村的产业发展规划必须突出生态景观、生态技术和环境保护，利用和保护好季节湖、龙山、天然溶洞与良田等自然资源。规划的生态原则是创造恬静、适宜、自然的生产生活环境，提高村庄景观环境质量。

2. 高效性原则

从效益原则出发，规划过程应考虑最佳投入和综合效益最高的项目组合，通过新型农村组织构架的建立，使新农村示范、生态旅游、休闲度假、生态农业、生态产品、生态人居开发，令项目在多方面实现有机结合、互相促进，创造出比单独经营更大的经济效益，同时获得生态效益和社会效益。

3. 特色性原则

特色是产业发展的生命所在，愈有特色其竞争力和发展的潜力就愈强。因而规划要根据新寨村的实际，发挥优势农田资源与传统耕作的优势传统，使产业的特色更加鲜明，具有不可复制性。

4. 文化性原则

深入挖掘村庄具有傣族特色的民族文化、传统礼仪以及民族娱乐、体育竞技等活动，使其发挥出巨大的吸引力，成为旅游村寨发展的最大软实力。

二　第一产业发展规划

1. 功能定位

（1）优质农产品的生产功能。立足生态优势，以马关县、文山县及云南省的其他城市为目标市场，严格按照绿色食品标准化技术和操作规程，生产出满足中高档消费需求的优质农产品。将农业基地建设成为生产功能强大、经济效益显著、生态环境优美、可持续发展的现代农业生产基地。

（2）生态循环农业示范功能。以提高资源利用效率为核心，以节地、节水、节种、节药、节能为重点，探索泰国香米的种植、稻田养鱼以及早熟水蜜桃的套种，形成现代高效生态农业模式，为发展低碳农业、循环农业做出示范。

（3）农业休闲观光功能。充分发展好第一产业的农业种植，在此基础上发展农业观光、生态农场、鱼儿捕捞、瓜果采摘等农作活动，让游客参与其中，强调游客的参与性与体验性，扩大农业自然资源、生态环境的外延功能，把农业生产与教育、农业文化、农事参与、观光旅游有机结合，为城乡居民提供一个春天踏青、夏季郊游、秋天采摘、冬季观景的休闲观光场所。

2. 农业主导产业选择

（1）产业依据。农业产业必须具备如下四点：一是能充分利用自然资源、区位和生态条件，形成产业竞争优势；二是有较大的市场前景；三是有较高的产出效益，对农业增效、农民增收作用较大；四是有良好的生态景观，能兼顾开展休闲观光。

（2）产业确定。新寨村西部低洼地区拥有大片良田，地势平坦、土壤肥沃、水源充足。经过分析，结合现实发展基础，在规划期内保持粮食生产能力的基础上，重点培育泰国香米种植、稻田养鱼和早熟水蜜桃种植，形成农业的特色主导产业。

傣族为农耕民族，具有优秀的农耕文明和稻谷的耕作经验。新寨村的第一产业要发挥傣族传统农耕的优势，利用好优质土地资源，发挥村民的主动性，引进泰国香米，使其成为马关的特色产业。泰国香米是原产泰国的长粒型大米，是籼米的一种，因其香糯的口感和独特的露兜树香味享誉世界，其出口量仅次于印度香米，为世界上最大宗的出口大米品种之一。通过发展泰国香米和稻田养鱼产业，一是使其可以形成特色农业，成为较好的支柱产业；二是可以形成较好的农田景观，为游客提供一片优美的农田美景。

新寨村大力发展香米的农田种植的同时，可以进行稻田养鱼，此种方式有利于资源的最大化利用，加强了土地的生态循环利用价值，同时为旅游业的发展提供了重要的生态食用资源，具有较大的吸引力。

新寨村入口处有一片高低起伏的农田，由于地势原因，该处不能作为水田，目前主要以种植生姜为主。经过考察，该片地可以在目前生姜种植的基础上搭配种植早熟水蜜桃，实现土地利用最大化，为农户争取最大的经济收益。同时，每当春季来临，村口一路桃花，别有一番风情，到了夏季又可以提供采摘活动，丰富村寨的旅游娱乐项目。

三　第二产业发展规划

1. 发展方向

为充分发挥优势资源，将新寨村的第一产业确定为泰国香米种植，其次为基础的稻田养鱼及早熟水蜜桃的种植。新寨村的第二产业规划将立足于第一产业，在第一产业的基础上进行泰国香米以及早熟水蜜桃的深加工，让农产品向特色化、品牌化的方面发展，形成知名度和竞争力，达到对新寨村旅游村寨的整体包装与形象宣传效应，开辟一条生态、环保的发展道路。

新寨村是一个典型的农业型村寨，村民至今仍过着自给自足的传统小农经济生活，因此村内目前仍存留一批传统的手艺人，如传统木匠、篾匠、染织、刺绣等工艺。另外在周边村落还有农民版画制作铺、铁匠铺等。这些都是我国当前形式下的珍贵资源，受到大工业生产的冲击，处在失传的边缘。新寨村的旅游将综合发展这些优势资源，将其展示给游客，使其成为娱乐化、参与化的活动资源，重新焕发活力，成为第二产业发展的重要补充。

2. 规划策略

发展农副产品必须转变传统生产模式，积极引入新观念、新思路，延伸农业产业链。通过促进土地流转和规模经营，改变原先分散种植的情况，建设无公害、绿色、有机的农产品基地。农产品包装设计与品牌化建设方面需要塑造整体的品牌形象，利用好当代网络资源，达到更好地传播效应。

四 第三产业发展规划

1. 发展方向

（1）发展季节湖旅游产业。马关地区是典型的喀斯特地貌区，拥有丰富的喀斯特地形奇观。以小马固新寨为中心，周边遍布着11个季节湖，面积约为6平方公里，其中离小马固新寨最近的老麻姑季节湖为储水量最大的一个，面积可达2.3平方公里。季节湖与地下暗河相连，夏季为湖泊，冬季为草场，具有优美的自然景观。季节湖中盛产麻姑鱼，这种鱼肉质细嫩，味道鲜美，在当地颇有名气。季节湖随四季变幻，风景各异，湖中盛产的麻姑鱼是小马固新寨开发旅游的巨大资源。村落规划以小马固新寨为据点，持续开发旅游经济，将村落打造成一个集周末旅游、休闲度假、农业观光、农业体验为一体的旅游村。

（2）利用好村寨本身环境资源及傣族特色发展傣族风情旅游。小马固新寨本身拥有丰富的自然环境以及民族文化资源，在整个村寨主打以季节湖旅游资源发展的大前提下，村寨自身的环境资源以及民族文化资源，可以为村落旅游大环境的打造起到极大的促进作用。

首先，可利用好龙山自然资源、喀斯特特色地貌、天然溶洞、落水洞以及农田景观资源，为游客提供登山、攀岩、生态旅游、娱乐的环境条件。其次，可利用好新寨的傣族资源优势，发展傣族特色风情旅游。新寨村拥有悦耳动听的民族音乐，独具风格的传统舞蹈以及花饭节、景库节、祭祀太阳神节等特色民族节日。村寨旅游产业可以大力发展这些具有浓郁傣族特色的传统节日，同时把传统的体育竞技活动如射箭、打钴辘秋等娱乐活动融入村寨旅游规划，丰富游客的文化体验，让游客感受傣族特色风情。

2. 规划策略

新寨旅游产业的规划重要保障在于农村基本组织服务系统的建立，力求改变传统农村单家独户、小农经济意识强烈、集体意识薄弱的现状。在村内村落建立统一的管理、统一的经营、统一的利益分配，使农民不再独自闭门生产，而是享受新型农村组织构架的保障及优势。

第四节 规划布局

一 布局原则

1. 因地制宜

总体布局根据功能区的要求和特点，综合考虑新寨各地块的自然条件、地势高差、坡度等，因地制宜、趋利避害，综合安排民居建筑、公共建筑、公共旅游服务区以及傣族体育娱乐设施等功能区。

2. 创造特色

注重村寨各功能区空间的形态特征，创造有特色的村寨环境，使规划设计后的新寨具有强烈的乡村特征，呈现典型的傣族特色，让村民产生强烈的认同感和归属感。

3. 产业拓展

突破传统种植业的束缚，积极发展香米种植、稻田养鱼、早熟水蜜桃种植、季节湖休闲观光、农家乐周末经济以及傣族特色文化旅游产业，实现村庄一、二、三产业协调发展，为旅游业的发展留出足够空间。

4. 可持续发展的原则

规划中充分考虑村寨空间布局的可生长性，考虑村寨未来发展的空间及功能需求，使规划的成果适应未来村寨发展的需要。

二　村庄用地布局

1. 总体布局

在进行总体布局规划的时候，尊重自然，尊重环境，尊重地形地貌，结合现状，不做大的调整，保留独具特色的村落环境。使建筑布局与周围农田环境相协调，力求保护村寨原有的和谐形态，灵活布置，打造建筑与自然环境和谐共融的效果。修建村庄道路环线，方便村民通行，道路建设兼顾现实的实施操作和线性的优美流畅。依据村民的发展意愿，新建聊天场地、轱辘秋场地、射击场地、泼水广场等完善规划用地布局。同时，完善健全基础配套设施，满足村内生产生活的需要，总体规划如图9－13。

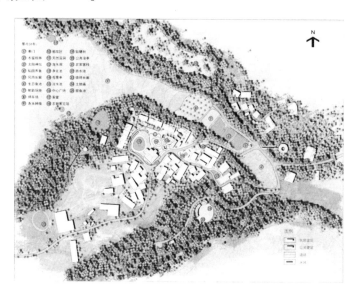

图9－13　总体规划

2. 村民住宅用地

新寨居住用地的规划尊重自然地形条件和原有居住状态，所有村民都居住在地势平缓地带。村内民居主要分布在南北两个片区，居民是否拆除重建，农户根据自家房屋建筑情况而定，重建的房屋位于中心片区的居民搬迁到新的安置点，其余农户都在原有地基上重新建造。规划末期新增居住用地0.34公顷，按照人均建设用地100平方米/人的指标进行规划。规划要求村民的民居建筑根据自己的使用需求，遵循实用、经济、安全、节能的原则进行建造。根据新寨未来人口的发展状况，未来新增居住用地规划在村尾出口处，住宅用地布局如图9-14所示。

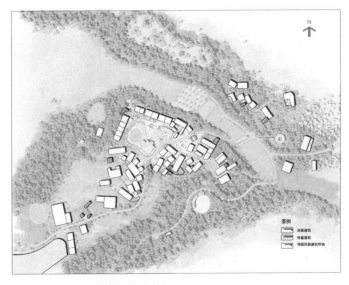

图9-14 住宅用地布局

3. 村庄公共服务用地

根据新寨村的旅游规划定位，在村落南部片区的中心规划了面积约 2000 平方米的中心广场，用来满足村落旅游大型娱乐活动以及安全消防和减灾防灾的需求。广场中心建有农耕文化展览馆和综合客堂两座建筑，此外该区域还建造了一个中心活动广场和一个综合泼水娱乐池。

新建的公共建筑包括农耕文化展览馆、综合客堂和公共厕所三座建筑。农耕文化展览馆包含手工艺品及生活用品综合超市、傣族特色餐厅、农村基层组织服务综合办公室和医务室。综合客堂建筑为旅馆性建筑，内设游客居住房间、咖啡屋、棋牌室等。公共厕所按照旅游厕所的要求建造，厕所内还增设了为泼水广场服务的更衣间、淋浴间。

农耕文化展览馆和综合客堂建筑都规划在村中心广场，占地分别为 240 平方米和 260 平方米，公共旅游厕所根据用地情况，规划布局在离中心广场 50 米的村西出口处，占地 150 平方米，公共服务用地布局如图 9 – 15 所示。

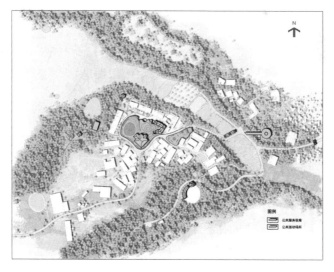

图 9 – 15　公共服务用地布局

4. 村庄产业用地

规划设置时考虑村庄的旅游发展目的，规划的农业片区有村入口水蜜桃套种片区、稻田养鱼区和村西部泰国香米种植区。另规划生态鱼池、弓弩射箭场地、轱辘秋场地、长廊烧烤区，打造周末休闲度假旅游经济，产业用地规划如图 9 – 16 所示。

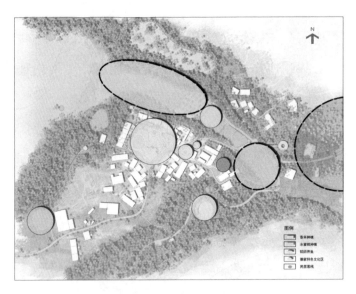

图 9 –16 产业用地规划

5. 村庄基础设施用地

村庄道路用地：道路广场用地在现有基础上，根据道路的系统性、服务性要求，改善目前道路交通建设，增加部分道路，拓宽部分路段，建设村庄交通的环线，实现民宅户户通路，满足村民通行和消防需求。

村庄交通设施用地：将村内南部片区，生态鱼池西边的场地规划为停车场，让游客车辆停靠于中心片区之外，以避免对村庄交通产生干扰。村庄标识牌设置在停车场的旁边，方便游客游览。

村庄公用设施用地：保留现有的供水池；新建公共厕所一座，布置在中心广场西面；保留现有的电力电信设施，计划增加一个160KVA的变压器。

6. 水域、农林用地及其他非建设用地

水域：村内水域分布在村入口的风雨长廊处景观生态鱼池、龙山脚下大蓄水池处的跌水池、村中心广场泼水水池和村尾生态罩鱼嬉戏池四个区域。水系规划路线主要从村内新建大蓄水池起，流经龙山脚下的大蓄水池处的跌水池，然后沿主道路从南向西流入村西部落水洞。水系布局如图9－17所示。

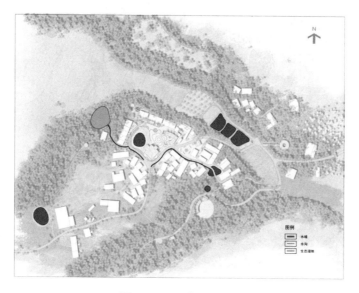

图9－17　水系布局

农林用地：村内绿化规划，设计在村入口处种植大片的水蜜桃林，农户庭院内树木同样以桃树为主，搭配种植芭蕉、毛竹，增加傣族文化特色。农林用地内的基本农田用地性质不改变，进一步发展农业种植。

三　村庄规划结构

新寨村规划结构根据村庄现有的资源条件、村庄产业规划，对新寨用地布局进行规划设计，整体规划结构为一线一中心，两片旅游观景板块，三个农业经济发展地带和多节点文化景观为填充的规划布局形式，规划结构如图 9 – 18 所示。

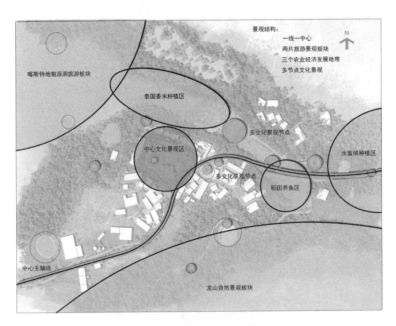

图 9 – 18　规划结构

一线一中心。一线，以进村的路径为主导线路，将村落所有板块和文化景观有机地联系起来，形成丰富的、具有节奏性的空间文化景观。该线从村口进入，到村尾结束。该线为村落的重要轴线，从村口依次将寨门、祭祀太阳神坛、风雨长廊、生态景观鱼池、中心区域片区、龙山风景区以及村尾新搬迁片区及生态抓鱼池联系起来。一中心为中心片区，区域内设置村办公室、农耕文化展览馆、傣味餐厅、医务室、旅游纪念品超市、农村组织服务公共办公室和快递综合空间、客堂住宿建筑以及泼水广场、生态厕所，满足游客和村民吃、住、娱乐、购物以及医疗保健等日常事务所需的空间。

两个旅游景观板块。两个旅游景观板块为龙山自然风景区板块和喀斯特地貌溶洞落水洞综合板块。龙山自然景观板块中自然资源条件优越，该景观中，龙山为自然拔起的山地，在景区中规划了登山步道、观景亭和探险观景步道，龙山是村落边上最好的旅游地。喀斯特地貌综合板块区包含了天然溶洞景点和落水洞地貌景点。

三个农业经济发展地带。三个农业经济发展地带为进村口水蜜桃与生姜套种片区，风雨长廊附近的稻田养鱼片区和村西部大片洼地良田区。规划这三个片区，使其成为村落经济发展的核心支柱，以此为龙头，带动第二、三产业的发展。

多节点文化景观。根据以村落组织构架服务为软性的基础构件，以经济发展为核心龙头的规划纲领，构建以傣族特色为核心文化符号的乡愁系统，形成大格局系统的布局，多点散点布置的方式充实了整个乡村的形态。散点的规划有祭祀太阳神坛、历史文化源流祖墓区、生态农场、射箭靶场、轱辘秋综合场地、蓄水池区综合景观水井、龙山脚观景点和村西北小山头观景点，龙山土地庙等景观。这些散点布置的景点分别在综合观景、娱乐以及傣族文化的建构及传播方面起到了重要作用，对建造新寨美丽乡村与留住乡愁意义重大。

四 道路交通规划

村内道路规划充分尊重原有的道路状况，通过综合整治形成环状交通体系。村内道路分为主要道路、次要道路、登山步道三种类型。

主要道路。村内主要道路规划为 3 米~4 米的宽度，路网在原有道路的基础上做了一定的补充，以满足交通运输和安全消防的需要。经过实地考察，原有道路路网合理，宽度充分，只需对路面和路边排水沟进行修整。在村南部龙山脚下房屋片区，需将原有的道路旁边的小猪圈拆除，将道路扩宽，使其成为主要道路，以满足该部分的生活及安全需要。

次要道路。次要道路为衔接主道路到住户的道路，规划宽度为 2 米，基本以现有道路为基础进行规划，局部打通入户道路，形成村庄的步行交通路网。

登山步道。登山步道规划在龙山以及和龙山相对的小山中，规划宽度为 1.5 米，沿着山形地势而建，将各个观景点连接在一起，道路规划如图 9-19 所示。

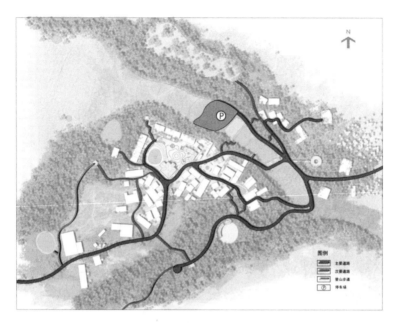

图 9 – 19　道路规划

五　绿地景观系统规划

1. 规划原则

（1）自然化与乡土化。结合自然条件，保持自然景观，依托地方树种和作物，体现乡村风貌，尽量选用适宜当地种植的果树，在保证村寨绿化的同时增加乡村气息。

（2）分散化与多样化。见缝插绿、积少成多、不拘一格，平面绿化、立体绿化并重，利用一切可用空间。

2. 绿地系统

规划实现点上成景、面上成林的绿地系统，形成"村中有绿，绿中藏村"的意境，实现优美的绿化景观效果。绿地系统主要包括点状绿地、墙角、庭院绿化及绿色山体。

点状绿地：以规划的休闲广场为景观节点，设置点状的集中绿地。

墙角及庭院绿化：在村庄内部结合零星空地设置墙角绿化，见缝插绿。同时鼓励村民在自家院落里加强庭院绿化。有条件的还可设置屋顶绿化和立体绿化。

山林绿化：保护现有山林资源，保证村庄绿色背景完好。

3. 植物配置

（1）绿化种植方式。结合零星空地布置宅前屋后绿化。

鼓励沿墙种植植物，形成墙角绿化，亦可种植攀缘植物，形成垂直绿化。提高村民的生态意识，提倡村民对各自庭院进行绿化布置，增添绿色生机。

（2）树种选择。乔木：以桃树为主，银杏树、樱花树、枇杷树、梨树、李子树等为辅。

灌木及地被植物：以芭蕉、毛竹为主，杜鹃、三角梅、鸢尾、红叶石楠、红花酢浆草等为辅。

耐水性及水生植物：菖蒲、旱伞草、荷花等。

六 村庄水系规划

新寨村庄水景观体系主要分布在南部片区，地势由东南向西北逐渐降低，水系流向的规划都设计为东南向西北，最后汇入村西部低洼处的落水口。村庄水系的源点为高位水池的溢水，此外还有山林自然径流的汇水补给。结合村庄的地形地势和村庄的规划布局，将村庄内的水系进行梳理、整治，打造水融家园、傍水而乐的村庄环境。

1. 水系规划原则

（1）整体性原则。从整体上分析、考虑水体的联系，并统一协调水体的水利、游憩等功能，使水体在村中成为休闲观光的良好资源，也成为打造特色村庄的重要元素之一。

（2）安全性原则。在对水体驳岸设计中考虑近水、亲水行为的安全，同时解决旱季枯水期及雨季水量充足时期的景观及安全使用的要求。

（3）景观性原则。在满足安全性的前提下，以景观塑造为重点对水体进行设计，根据具体水体的景观要求，打造不同方式、不同观赏效果的水景观，为打造优美的水环境创造条件。

（4）人性化原则。坚持以人为本，以人为先。充分体现水对人的重要作用，并在满足休闲游览观光等活动的前提下创造良好的水环境。

2. 规划目标

（1）提高综合利用的价值。改造村庄内部水系，使其符合水系分布特征，增强水系中各水体之间的联系，形成连续的滨水活动空间，提高水系的综合利用价值。

（2）还原村庄的自然面貌。村庄里河塘水系是乡村自然景观的重要元素，同时也是乡村文化机理的有机组成部分。通过规划整治村庄内的水系景观，全面优化村寨的生活空间，促进村民的相互交流。

（3）创造宜人的休闲环境。利用水体、绿地、园林建筑等要素共同塑造良好的村庄景观。水体能够创造出宜人、亲切的滨水景观，满足游人休闲娱乐的需求，为游人提供良好的休闲场所，提高新寨村的旅游功能。

3. 水系形态

根据村内的水系特点，规划通过水渠、水管等人工措施，串联起村庄现有的水塘，将水系连通，并选择合理的位置建新水塘，打造形态多样、自然和谐的村庄水景。

（1）水源：村庄水系以1000立方米高位水池的溢水为供水水源。现有水量丰富，通过规划建设水渠进行引导，将水引至规划的水塘中，打造成村庄的水景观。此外还有山林自然径流的汇水作为村庄水景的补给。

（2）水渠：规划将道路的雨水边沟进行清理，在无雨水沟路段重新开挖雨水沟，形成引水的渠道。重新改造后的水渠不仅可以收集雨水，也可接收高位水池的溢水，增加雨水和溢水的收集利用，打造流动的景观。

（3）水塘：村内亲水性水塘分别为村入口风雨长廊处景观生态鱼池、龙山脚下大蓄水池处的跌水池、村中心广场泼水水池和村尾生态罩鱼嬉戏池。通过对四个水塘的规划设计，增加游客与水接触的机会，增加旅游村寨的吸引力，同时可改善村子内部环境和起到安全消防的作用，村内建设中的亲水性水塘如图9-20所示。

图 9 - 20　村内建设中的亲水性水塘

（4）生态湿地：在村内的低洼地中建设生态湿地，合理、适量地栽种水生植物，对村庄的雨水、景观水、污水进行最终的生态处理。污水治理达标后直接浇灌农田或排放。

七　村庄旅游设施规划

1. 总体要求

在村内布置餐饮、住宿、娱乐、购物等旅游服务设施，在全村范围内设置标识系统，包括道路标牌指示、景点标牌指示、服务标牌指示等。

2. 服务设施

（1）餐饮设施。在村中心的建筑片区规划发展农家乐等旅游接待项目。以农耕文化展览馆的一楼傣族特色餐厅为示范，鼓励村民发展农家乐，做傣族菜、吃傣族饭，品野生的麻姑鱼，尝泰国香米。在烧烤长廊区提供自主烧烤项目。

（2）住宿设施。以综合客堂住宿为榜样，鼓励有条件的村民可以进一步发展农家住宿，鼓励有条件的村民将老屋改造成特色旅游民宿，民宿内部装饰应满足游客住宿的所有需求。

（3）娱乐设施。利用好龙山景区、天然溶洞景区资源，发展好傣族特色的轱辘秋、弓弩射箭、天然水塘罩鱼等娱乐活动，提供游客观光、摄影、戏水等生态娱乐活动。

（4）购物设施。农耕文化展览馆一楼的综合旅游纪念品超市，销售香米、水蜜桃、农村传统手工艺产品，鼓励农户销售自家生产的土特产、生态家禽、瓜果等，满足游客购物需求。

（5）标识系统。村内标识以傣族特色的公共景观为主线，做出引导性路线，同时以原木构架的方式设置道路标牌指示、景点标牌指示、忠告标牌指示、服务标牌指示等，并将这些标识牌布置于村入口、道路分叉口、景观节点等处，形成完善的导视系统。

第五节　村寨建筑整治规划

一　整治思路

根据小马固新寨规划设计的总体定位，通过农村组织形式的建立，做好一、二、三产业的发展计划，将新寨打造成为有傣族特色的旅游村寨，村庄的建筑整治需要做到以下几个方面。

修缮：对于村中一些具有浓郁的地方特色以及能够体现民族文化传统的建筑，还有未成为危房的具有使用价值的建筑，进行修缮处理，使其重新焕发出生命力。

整改：对于村内的一些违章建筑、不雅建筑物，进行拆除；对于建筑风貌不协调、建筑外观不统一的建筑，进行建筑整治，使其呈现新的面貌。

重建：对于已经成为危房，无法进行修缮改造、无历史意义及价值的部分民居，进行拆除重建。

新建：从村庄发展规划来看，有新的使用功能的需求，需要建造新的建筑以满足该新增需求的，经村委会商议，可进行房屋新建。

二　民居建筑分类整治

1. 新建建筑整治

设计团队开始着手设计工作时，村内准备建新房的村民，已经基本完成了老房的拆除工作，有部分村民已经进行了板基础的浇灌，其余大部分的村民也已经挖好了地基，准备开工建设，因此设计方案已经没有办法对建筑物内部空间及建筑户型做出规划。所以民居新建的建筑，对建筑屋顶以及建筑外观做了统一要求。屋顶以傣族特色的四坡顶建造，墙面以铁红粉拌水泥砂浆和稻草的方式建造，以体现出传统的乡村特征。民居建筑外观及屋顶式样整治如图 9-21 所示。

图 9 – 21   民居建筑外观及屋顶式样整治

2. 保留的民居建筑整治

村内有一定数量的房屋不存在安全隐患,这些房屋还具有使用价值,在规划设计中应予以保留。这类建筑主要为之前分析的第二、第三类建筑,建筑墙体为火烧红砖砌筑,外观特征为正面贴上各式样的瓷砖,有的还会列上罗马柱,其他三方墙体都为混水砖砌筑墙面。整个建筑的外观正面看上去极不协调,背面又显得格外粗糙。对于这类建筑,项目组同样采用了墙面以铁红粉拌水泥砂浆和稻草的方式进行粉刷,使其与乡村整体大环境和谐统一,保留民居建筑特色施工现场如图 9 – 22 所示。

图 9 – 22   保留民居建筑特色施工现场

3. 业态及使用功能改变的民居建筑

这一类建筑和上文提出保留的民居建筑具有相似性，为可继续使用的建筑类型。在新寨村设计中有两户农户的民居建筑。建筑整治的方式先是进行房屋所有权的转换，再对该房屋的使用功能进行改变和调整，根据新的业态方式，对建筑进行新的整治，使其焕发新的生命力。

第一栋建筑位于南部片区入口处，村内原有一间老屋，由于居民新建了住房，该房屋便被闲置了起来。对该房屋规划设计的方法是，将该建筑通过资产评估的方式，收归集体所有。具体的改造方法是，将原有的建筑外墙的水泥砖墙体拆除，保留原建筑的木质构架，同时在此基础上增加前后偏厦，建筑底部用石头砌筑，使之变成村口的一个大的公共休息凉亭，成为公共交流的场所。

第二栋民居建筑属于村内龙山脚下片区的一户特困户，家里只有祖孙两人，家庭经济情况尤其困难，通过对该户住房的评估并且和相关领导研究决定，将此家庭确定为农村家庭旅馆发展示范户。村民提供家里多余的房屋，政府出资，新寨农村基层组织服务机构进行统一的运营及管理，最终利润再反馈给农户。这种做法一是可以重新使原有的资源焕发新的生命力；二是增加和提高了贫困农户的收入；三是可以在村内起到示范作用，诱导激发村民的积极主动性，使村民投入到新寨美丽乡村的建设中来。然后再对建筑进行整治，分别对建筑瓦顶、外墙、室内以及庭院进行整修（整修后的

建筑瓦顶、外墙如图9－23），使其能达到新的使用功能的
要求。

图9－23　整修后的建筑瓦顶、外墙

三　公共建筑建造

1. 客堂建筑

客堂建筑位于中心广场，占地 260 平方米，为两层建筑，
总建筑面积 520 平方米，建筑总高度 11.4 米。客堂建筑为游
客居住建筑，包含 14 个住宿房间，1 个综合服务台及咖啡屋，
1 个综合棋牌室等空间。该建筑结构为钢筋混凝土框架结构。
建筑外墙采用水泥砂浆加铁红粉和稻草的方式，以凸显乡村特
征。建筑窗檐口以及室内，利用村内一些拆除的老木料，作为

贴面装饰；窗檐口用木构穿斗的方法，突出农村晾晒粮食的特点，起到装饰的作用。建筑屋顶为混凝土浇灌，经放水处理后，表面放置杉树皮，以凸显马关地区乡村建筑材料特色（客堂建筑设计效果如图9-24）。

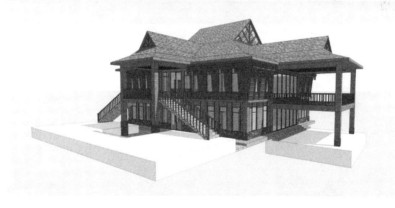

图 9-24　客堂建筑设计效果

2. 农耕文化展览馆

农耕文化展览馆综合建筑形态为两层式样，占地面积240平方米，总建筑面积480平方米，建筑总高度9.6米。二楼为农耕文化展览馆，一楼设置了手工艺品及生活用品综合超市、傣族特色餐厅、农村基层组织服务综合办公室和医务室，是公共服务性最强的建筑。建筑结构、建筑外墙、建筑木构装饰以及建筑屋顶的处理均与客堂建筑相同（农耕文化展览馆建筑设计效果如图9－25）。

图 9－25　农耕文化展览馆建筑设计效果

3. 生态厕所

生态厕所按照旅游景区厕所的标准建造，共 80 平方米，建筑总高度4米，包含男女卫生间、家庭卫生间以及无障碍卫生间。由于该建筑同时为中心广场泼水嬉戏池的辅助设施建筑，生态厕所内同时设置了更衣间、淋浴间等功能空间。

通过之前章节对乡土材料的研究和创新利用，对农村新的生活起居方式的研究，让乡村建筑回归乡村性，让特色建造变得更容易。农村建筑的集约化、模块化将是未来建筑发展的新趋势，此规划设计将该公共厕所的设计，作为在这些方面的尝试性实验性的建筑。该建筑以钢结构为结构体系，墙体用生土高压砖作为填充材料，通过现场取土，利用小型化机械自行压制和码砌的方式完成。每一块砖的尺寸为100mm×100mm×200mm，形态取自木构建筑的榫卯方式，通过阴阳咬合的方式进行砖与砖之间的砌筑，蹲坑则采用小型化太阳能液渣分离设备进行处理（生态厕所示意如图9-26）。

图9-26　生态厕所示意（太阳能液渣分离）

四 乡土建筑材料的运用

作为建筑构成要素的建筑材料在建筑形态的构成以及乡土性的表达方面，有着重要的影响。乡土材料取材于当地自然资源，首先，这种材料具有纯天然性，在色彩、质地等方面都容易与当地自然环境相协调，这也是之所以之前章节提及的第一时期的民居夯土建筑与大自然环境能够和谐相容的重要原因。其次，利用当地建筑材料，可以就地取材，减少建设成本。最后，每个地区因环境、地质、地貌的不同，当地的乡土材料自然而然也就成了最能代表地方特色的重要形式因素。在美丽乡村规划设计中，对当地建筑材料的研究加以创新利用，是值得探索的一个重要方向。

1. 水泥砂浆加铁红粉与稻草的抹面方式

从村落的整个视觉景观来看，在新寨民居建筑中，第二、第三时期的建筑外墙，以及新建建筑的外墙，占据绝大部分，对整个乡村风貌的定格起到决定性的作用。采用水泥砂浆加铁红粉和稻草的方式，旨在模拟回归乡村风貌的特征。相对土墙面来说，这种墙面具有更好的耐雨水以及更坚固的特性，弥补了土墙容易掉渣、易被水冲刷的问题，同时在视觉上呈现红土墙的视觉特征，对用青山做背景的新寨来说，红色的墙面更能起到和大环境的对比作用，极具装饰效果。水泥砂浆加铁红粉、稻草抹面、抹面工房及项目组成员如图 9 - 27 所示。

图 9－27　水泥砂浆加铁红粉、稻草抹面、抹面工房及项目组成员

材料构成及配比：水泥 50 公斤；沙 150 公斤；铁红粉 15 公斤；铁黄粉 3 公斤；稻草 1 厘米长度 1 大盆。

2. **天然石料的运用**

马关地区为喀斯特地貌区，石头是当地最多，也是最有代表性的自然资源。在传统的建造时期，石头是民居建筑最重要的建筑材料，几乎所有的建筑都以当地石头做基础，一些房屋建筑的墙体甚至全用石头砌筑。混凝土出现并大量运用以后，在建造的容易程度、建筑空间的多变性以及人工成本的降低等方面都优于石头砌筑的房屋。但石头材料特有的乡土性语言、天然质朴的外型特征，却是混凝土所不能替代的。经过研究，对于建筑主体，我们同样采用建造方便以及造价便宜的钢筋混凝土方式，但在道路、水沟、外墙表面以及院墙的砌筑等方面，石头材料同样可以发挥出巨大的优势，同时又可以呈现绝好的形态特征（天然石料的运用如图9-28），同样可以重新散发当地建筑特色的光芒。

图9-28　天然石料的运用

在坡脚地区，不同山头，由于造山运动的不同，山上石块所呈现的形态是不一样的。一些地方盛产片石，一些地方盛产大块石。在新寨的规划设计中，将石头分成以下三种形态加以运用。

大块石：体积超过20立方厘米的石头。这类石头适合道路、院墙、水沟沟渠以及水塘驳岸的铺砌。

石渣料：将一些运输过程中产生的石头块，以及不能用于砌筑的石料打碎作为石渣料。这类石料被用在道路垫层、房屋基础垫层等地方。

片石料：这类石料首先要选择片石料的岩层，取下的片石可以用于墙面的铺贴，有极好的墙面保护和装饰效果。

3. 杉树皮的运用

杉树皮在马关地区是常用的建筑材料，通常村民在夏季雨水丰富的时期将树皮剥下，可以保障树皮的耐虫性与耐水性。经过了解，20世纪70年代以前，杉树皮和茅草顶的使用在马关地区的房屋建筑中占很大的比重，如今在新寨村的一些矮墙顶上还可以见到杉树皮做的顶，雨水过后，树皮上生长的青苔散发出更浓郁的绿色，显得格外美丽。当然，从现代居住需求来看，纯粹的杉树皮顶不能解决防水漏雨的问题，给正常的生活带来不利的影响。但是在经过防雨水处理的混凝土建筑屋顶上铺设杉树皮（杉树皮的运用如图9-29），让其成为具有纯装饰意义的顶，或是在一些无需考虑漏雨情况的景观建筑物或是景观小品上加盖杉树皮顶，这种方式会更加增添房屋山林野趣的质朴味道，尤其是乡土建造材料和玻璃、钢结构的结合运用，形成强烈的材质对比，更能凸显当地特色。

4. 竹子、麻栗树的运用

在新寨的乡土建造材料中，竹子和麻栗树也是重要的建造材料。目前很多的民居的庭院、菜地、院门，都用装有竹子做成的竹篱笆。新寨周边的山上，长满了麻栗树，麻栗木的形状呈自然弯曲状，树皮纹理漂亮。

图9-29 杉树皮的运用

在新寨乡土材料的运用上，将竹子运用到建筑山花以及花园菜地的围挡方面。麻栗木因其漂亮的纹理以及合适的尺寸，可以大量用作室内栏杆。竹子、麻栗树的装饰运用如图9-30。

图9-30 竹子、麻栗树的装饰应用

第六节　村寨环境整治规划

一　道路铺装

1. 道路路面的整治

政府将村庄的入村道路进行重新扩宽修建。村庄道路整治主要对村庄内主要道路、次要道路进行整治。道路路面可根据实际情况采用乡土化、生态型的铺设材料，如石板、卵石、青砖等，村内铺设好的道路如图 9 - 31 所示。

图 9 - 31　村内铺设好的道路

2. 停车场的铺装

停车场铺装材料与路面铺装材料相统一，采用乡土化、生态型的铺设材料，如石板、卵石、青砖等。

3. 小广场、休息场地的铺装

村庄内的小广场、休息场地的铺装主要采用自然块石、条石、青砖、卵石等天然材料，局部可结合木材进行铺设。通往活动场地铺设自然石板的道路如图9－32所示。

图9－32　通往活动场地铺设自然石板的道路

二　傣族特色景观环境的营造

公共景观构筑物在村庄中以点的形式出现，在整体风貌以及文化表达方面起着重要的作用，是人们活动最频繁的室外空间场所。新寨公共景观通过一条主轴线将其串联起来，整体形象以傣族风格面貌出现，是傣族文化的重点表象。

1. 寨门

寨门是全村形象的起点，寨门的设立有利于增强所有村民的整体归属感。新寨寨门设在村口最前面，以木结构的形式建造。寨门分三跨，中间为主道，宽4米；两边为辅道，宽2米。整个屋顶以三层瓦顶建造，凸显浓郁的傣族风格。寨门的设计效果如图9－33所示。

图9-33　寨门设计效果

2. 风雨长廊

长廊建在进村后南北两个片区之间的冲地上，地势呈两边高中部平缓的状态。规划设计以长廊作为两个片区之间的视觉连接，同时可以起到冲地视觉收束的作用。长廊的边上规划建设生态鱼池，鱼池建成后，长廊将是进村后的第一个休憩游玩观景的地点。长廊宽3米，总长度21米，分7跨，顶部同样采用具有傣族特色的三层重叠的方式建造。长廊设计效果及建设初期的形态如图9-34所示。

图9-34　长廊设计效果及建设初期的形态

3. 观景亭

新寨观景亭分别设在三个可相互对望的观景点上。第一个观景亭规划在龙山脚下南部片区的高处，此处是村内最佳的观景点，西可观新寨全貌，东可观村口一带的风光，该亭也是未到村落便可见的标志性建筑物。第二个观景亭设立在村西部的小山上，该山低矮，容易攀爬，在此处向南可回看全村，向西可收揽西部稻田风光。第三个观景亭设立在龙山登山步道的最末端，是新寨村落登高望远的最高点，同时该观景亭可以和前两个观景亭形成较好的三角眺望关系。三个观景亭都以木结构、傣家风格建造。第一个观景亭（左）与第二个观景亭（右）的设计效果如图9-35所示。

图9-35 第一个观景亭（左）与第二个观景亭（右）的设计效果

4. 标识系统

新寨村标识设计以原生态朴实的乡村风貌为依据进行建造。这些标识以原木直接搭接构成，中心指示块面用整块木板或多块木板拼接而成，板面上指示地点的文字用机器雕刻，油

漆添色，木板上绘有傣族传统图案。村庄标识设计效果如图
9－36所示。

图9－36　村庄标识设计效果

三　公共文化景观场所的打造

1. 中心广场

中心广场区域是全村最重要的综合活动场所，涵盖两栋公
共建筑，一个综合活动广场和一个泼水嬉戏池。综合活动广场
面积约500平方米，种有两棵大树，广场周边以石头砌筑围
挡，该区域为对歌等娱乐活动和安全疏散的空间。泼水嬉戏池
设在综合广场的西面，中心设清池水，广场中心设有村民塑的
牛王神像，增强民族文化气息。建设中的中心广场及设计效果
如图9－37所示。

图 9 – 37　建设中的中心广场及设计效果

2. 太阳神祭祀坛

祭祀太阳神是村内重要的活动，太阳神坛的设立地点是根据几棵太阳神树所在的位置确定的。在村寨入口，北部片区外围有几棵环抱生长的大树，被誉为太阳神树，太阳神主司一年的风调雨顺，万事太平。在规划设计中，运用了最大的数字 9 进行规划设计。神坛以东西线为主轴，入口位于西面，途经 81 级台阶到达主祭祀台。主祭祀台中央为半径 3 米的神树坛。主祭祀台外圈半径为 9 米。神树坛为此处最高地，祭祀场地的外围墙高 90 厘米。祭祀场外围入口处是祭祀活动的辅助用房，该辅助用房设在神坛下的平台处，高度低于祭祀场外围围墙。太阳神祭祀坛如图 9 – 38 所示。

图 9 – 38　太阳神祭祀坛

第七节　基础设施建设规划

一　给水工程

1. 用水量预测

新寨村人口基数小，一定时期内人口规模变动不大，因此用水量预测根据远期村寨规划人口数量确定。村民用水量指标根据《室外给水设计规范》GB50013 – 2006、《镇（乡）村给水工程技术规程》CJJ123 – 2008，以及《云南省地方标准 – 用水定额》DB53/T168-2006 的规定，结合当地的气候、村寨的性质、产业的发展情况、人口的组成，以及建筑物特点等实际情况适当调整选取。

居民综合生活用水量：居民综合生活用水量最高日综合生活用水量指标取 120L/（cap·d），供水总人数为 309 人，用水量为 37.08 立方米/日。

其他用水量及未预见用水量：其他用水量及未预见用水量按总量的 10% 计算。

经计算，最高日用水总量 Q=40.78 立方米/日。

2. 供水水源

村子供水水源满足规划村庄远期的用水需求量，规划仍采用村庄龙山脚下高位水池作为村寨供水水源。水源地根据国家关于水源卫生防护的规定进行保护。

3. 供水系统

新寨村供水设施基本满足近期的使用要求，保留现有的供水设施。根据实际需要，远期规划建设消毒设施。村寨配备输水管道根据发展逐步改善给水设施，对旧的管网进行改造和扩建，使村寨内形成完整的供水系统。村寨内给水管网沿主要道路布置，管道根据现场实际情况选择埋地敷设或沿墙敷设，尽量将管道布置为环状管网，保证用水的安全可靠，边缘地区可先设置为枝状形式，待发展完善后再连接成环状。

二　排水工程

1. 排水体制

规划排水采用雨污分流体制，污水主要来自生活污水。

2. 雨水工程

暴雨强度公式。采用马关县的暴雨强度公式：

$$Q = q \cdot \psi \cdot F$$

Q 代表雨水设计流量（m^3/s）；

q 代表设计暴雨强度（mm/min）；

ψ 代表径流系数；

F 代表汇水面积（km^2）。

采用分流制排水，雨水暗沟排放。部分道路无排水沟，沿规划道路新建排水沟。

3. 污水工程

（1）污水量预测。按供水量的 80% 计算，为 32.62 立方米/日。

（2）管网布置与处理。计划在每户村民的厨房、卫生间、圈舍前后选择场地建设化粪池；当场地选择有困难时，可几户共用一个化粪池。村子内建设污水排放管道，经化粪池初级处理后的污水就近排入污水支管 DN200 中，并由干管 DN300 收集排入村尾的农田中综合利用。污水管道的铺设充分利用地理形势，顺坡排水。污水管道管材结合防渗漏性、耐用性、经济性、施工安装的方便性等功能综合比较后选取，推荐采用HDPE塑料排水管道。

三 电力工程

1. 供力现状

目前村子里有1台50kVA的变压器，电源由镇区引来，线路采用电杆架空敷设。

2. 负荷预测

负荷预测采用需要系数法和单位面积指标法计算。到规划远期年限末端的2030年，新寨人口将达到309人，70户（详见前文发展规模）。住宅用电负荷取最大值70户，根据标准每户4kW的负荷和0.4的需要系数，将三项相乘，得出住宅用电负荷为112kW。村内公共建筑共1000m²，根据50W/m²的标准和0.7的需要系数，计算出公共建筑用电负荷为35kW。另外根据村庄发展的需要，为室外用电预留10kW的负荷。住宅、公共建筑和室外三项总用电负荷为157kW，按照0.8kW的负荷率选取的变压器总容量应大于196kVA。负荷预测如表9－1所示。

表9－1 负荷预测

地块性质	建筑面积/户数	负荷取值	需要系数	负荷预测
住宅	70户	4kW/户	0.4	112kW
公共建筑（m²）	1000m²	50W/m²	0.7	35kW
室外用电（kW）				10kW
合计	用电负荷为157kW，按照0.8的负荷率选取变压器，变压器容量应大于196kVA			

3. 电源

现有的负荷不能满足规划末期的需求量。考虑供电合理性，在原有变压器的基础上，远期增加 1 台 160kVA 的变压器。变压器位置选择靠近用户集中的位置，便于就近接入，避免用线过长造成电流损失。出于景观及长远发展的需要，整个村庄的电力线路均要求采用地下电缆的形式敷设。

4. 供电规划

供电线路的规划原则为"梳理杆上线路、理顺入户线路、逐步改造入地"。现阶段主要针对杆上线路乱、入户线路私拉乱接、火灾隐患突出的现象进行整改，今后随着村落的改造和建设，在条件成熟时逐步、分期进行架空线路入地改造。

四　电信工程

1. 容量预测

电话用户预测参考《城市通信工程规划规范》中相关电话预测指标，结合实际情况，在本次规划中村镇按 1 线/户计算。按住宅 70 户，公共建设 1000m² 估算，并考虑 20% 裕量，预测电话用户数为 99 线。

有线电视的入户率按照 100% 来计算，结合实际情况，在本次规划中村镇以 1 端/户计算。按 70 户，公共建设 1000m² 估算，规划有线电视用户约为 75 端。

2. 无线通信网络规划

无线通信覆盖率结合村庄实际情况选取，站址按标准蜂窝结构布置，以满足后期村民发展的需求。

3. 有线电视规划

规划村内有线电视一级传输实现光缆传输，逐步实现向数字化传输的形式过渡。有线电视电缆与通信电缆同路径一起架空敷设。

4. 线路规划

对现有线路的规划原则为"梳理线路、退缆改纤、分期入地"。随着电话、网络及有线电视业务的急剧扩展，传统铜缆的载容量已不能满足目前的需求，规划逐步改用光纤取代铜缆。现阶段线路沿电杆架空敷设，与电力线同杆，但敷设在电力线下方，距最下面一条电力线 1 米，同时针对杆上线路乱、入户线路私拉乱接的情况进行整改，今后随着村落的改造和建设，有条件地逐步、分期进行杆上线路入地改造。

五　环卫工程

1. 垃圾处理

针对新寨村农户居住较分散的特点，主要采用"户收集、村收集、村处理"的方式进行集中收运和处理。按照村子整治和旅游产业发展的需求，在主要村道、节点及村庄内部均匀设置垃圾桶，平均 100～200 米设置一个，共设置 24 个垃圾桶。另外，在村庄内设置 2 个垃圾收集处理池，对垃圾进行分片收集处理。

实行垃圾分类处理，对生活垃圾的分类实行以农户自行分类为主的方式。垃圾被分为三类，分别装在三个不同的垃圾桶内。第一类为可堆肥垃圾，如剩饭菜、瓜果皮、烂菜叶等。对于这类垃圾，农户在家将其投入化粪池中用作原料，实现资源化利用。第二类为可无害化处理的垃圾，如煤渣、炉灰、石块等，用于铺路填坑。第三类为不可回收、有毒有害的垃圾，如碎玻璃、废塑料、纤维、泡沫、尿不湿等，对该类垃圾进行统一收集，送至村尾统一填埋处理。

2. 公共厕所

农户厕所建设与村子整治规划统一、协调进行，降低重复建设带来的浪费，减少厕所建造不规范带来的损失。根据公厕的服务半径和村子的实际情况，在村落中部建设 1 个公共厕所，方便游客使用。

六 防灾工程

1. 防火规划

新寨村若要增加室外消防给水管网及设施，资金投入巨大，难以实现。经过综合考察，结合本村的实际情况，规划利用景观水池作为室外消防水池。景观水池水量均不小于$100m^3$，满足消防水池的要求。消防水池应防止被可燃液体污染。山坡地带的农户在无消防水池的情况下，居民在居住的院落内应配置消防水缸作为灭火时的消防水源。村委会内应配备相应的机动消防泵、水带、水枪等消防设施。

对传统建筑与建筑材料进行防火技术处理，电力架空线改为地埋线，室内线路包绝缘套管，减少线路火灾。

2. 地质灾害防治规划

以监测、预防为主要手段，加强周围山林水土保持和自然生态环境的保护，严格控制砍伐森林，积极推进地质灾害危险性评估。工程经济活动尽可能减轻对地质环境的破坏，避免引发地质灾害。

3. 防洪规划

规划结合地质灾害的防治和雨水的排放进行防山洪和排内涝设计，防洪标准和排涝标准均按十年一遇设防。加强村庄范围内的森林保护和水土保持工作，根据地形、地貌及地质情况建设截洪沟。

七　清洁能源利用

太阳能风能互补路灯具备风能和太阳能产品的双重优点，既可以通过太阳能电池组独立发电并储存在蓄电池中，也可以通过风力发电机独立发电并储存在蓄电池中，并且在风、光都具备时可以同时发电。规划设置 75 盏太阳能风能互补路灯，提升村庄夜间亮度。

参考文献

[1] 朱新方:《新农村建设模式的比较与分析》,《长江大学学报》,2008 年 9 月。

[2] 冯晓辉:《临沂市新农村建设模式研究》,硕士学位论文,中国海洋大学,2011。

[3] 何宇浩:《珠海城郊地区新农村建设模式研究——以唐家湾地区为例》,硕士学位论文,华南理工大学,2011。

[4] 黄红珍:《欠发达地区乡镇政府在新农村建设中的职能定位研究——以余姚市鹿亭乡为例》,硕士学位论文,上海交通大学,2009。

[5] 高珊、包宗顺、金高峰:《江苏新农村建设的典型模式及启示》,《经济问题》2007 年第 8 期。

[6] 高新:《哈尔滨市新农村建设的金融支持研究》,硕士学位论文,东北财经大学,2013。

[7] 郭炳章:《社会主义新农衬建设模式探索》,《商场现代化》2006 年第 8 期。

[8] 郭蕊:《整合财政支农资金建设社会主义新农村的路径选

择》,《理论探讨》2007 年第 5 期。

[9] 郭晓帆、林芳兰:《新农村建设模式思考》,《海南广播电视大学学报》2006 年第 2 期。

[10] 菅来礼:《内蒙古卓资县社会主义新农村建设模式探讨》,硕士学位论文,中国农业科学研究院,2011 年第 9 期。

[11] 李海涛:《新农村建设背景下农村公共产品供给效率研究》,博士学位论文,东北林业大学,2010 年第 4 期。

[12] 刘涛:《社会主义新农村公共文化服务体系建设问题研究》,硕士学位论文,山东大学,2011 年第 3 期。

[13] 刘彦随:《中国新农村建设创新理念与模式研究进展》,《地理研究》2008 年第 2 期。

[14] 梁修群:《社会主义新农村建设若干问题研究》,博士学位论文,中央民族大学,2010。

[15] 卢芳霞:《片区式服务:农村社区公共服务供给机制创新——基于枫桥镇的实证研究》,《浙江社会科学》2011 年第 6 期。

[16] 卢璐:《政府治理转型背景下的农村公共服务社区化研究》,博士学位论文,华中师范大学,2014 年第 10 期。

[17] 徐学庆:《社会主义新农村文化建设研究》,博士学位论文,华中师范大学,2007。

[18] 薛贵儒:《黄山乡村旅游对新农村建设的影响研究》,硕士学位论文,安徽大学,2010。

［19］易洪海：《财政分权视角下的新农村建设公共财政投入研究》，博士学位论文，中南大学，2009。

［20］羊爱军：《保山市新农村建设模式及应注意的问题》，《中共云南省委党校学报》2007 年第 6 期。

［21］方明、王颖：《观察社会的视角——社区新论》，知识出版社，1991。

［22］陈晓华、张小林：《国外乡村社区变迁研究概述》，《皖西学院学报》2001 年第 10 期。

［23］项继权：《论我国农村社区的范围与边界》，《中共福建省委党校学报》2009 年第 7 期。

［34］俞可平：《治理与善治》，社会科学文献出版社，2000。

［25］毛寿龙、李梅、陈幽汉：《西方政府的治道变革》，中国人民大学出版社，1998。

［26］沈荣华、周义程：《善治理论与我国政府改革的有限性导向》，《理论探讨》2003 年第 5 期。

［27］胡祥：《城市社区治理模式的理想型构：合作网络治理》，《中南民族大学学报》（人文社会科学版）2010 年第 9 期。

［28］陈炳辉、王菁：《"社区再造"的原则与战略——新公共管理下的城市社区治理模式》，《行政论坛》2010 年第 3 期。

［29］胡宗山：《农村社区建设——内涵、任务与方法》，《中国民政》2008 年第 3 期。

［30］ 杨旭辉：《国外农村社区：综合性分析与借鉴》，硕士学位论文，华中师范大学，2013。

［31］ 梁淑华：《3 种典型农村社区管理模式对比研究》，《世界农业》2015 年第 1 期。

［32］ 刘会柏：《美国农村公共服务供给特点、经验与启示》，《人民论坛》2014 年第 23 期。

［33］ 万海远、潘华：《国外农村公共服务提供的经验与启示》，《市场论坛》2015 年第 1 期。

［34］ 易鑫：《德国的乡村治理及其对于规划工作的启示》，《现代城市研究》2015 年第 4 期。

［35］ 李慧、刘政：《农村公共产品供给制度的日本经验及启示》，《财政监督》2011 年第 36 期。

［36］ 周维雄：《现代日本乡村治理及其借鉴》，《国家治理》2014 年第 4 期。

［37］ 赵一帆：《韩国新村运动的经验教训及对我国新农村建设的启示》，硕士学位论文，延边大学，2014。

［38］ 杨贤智、骆浩文、张辉玲：《韩国"新村运动"经验及其对中国新农村建设的启示》，《中国农学通报》2006 年第 9 期。

［39］ 温俊萍：《印度乡村公共品供给机制研究：公共治理的视角》，《南亚研究季刊》2008 年第 1 期。

［40］ 卢爱国：《农村社区体制改革模式：比较与进路》，《理论与改革》2009 年第 5 期。

［41］ 张铭：《乡土精英治理：当下农村基层社区治理的可行模式》，《兰州大学学报》（社会科学版）2008 年第 1 期。

［42］ 任志安：《农村社区治理模式探析——以绍兴农村"两种"模式为例》（黑龙江社会科学）2007 年第 6 期。

［43］ 李增元、宋江帆：《"企业推动型"农村社区治理模式：缘起、现状及转向》，《甘肃行政学院学报》2013 年第 4 期。

［44］ 高汝岭：《中国特色城镇化发展模式探讨》，《城市建设：下旬》2009 年第 11 期。

［45］ 袁方成：《"两型"社区：农村社区建设的创新模式》，《探索》2010 年第 1 期。

［46］ 蔡峰：《社区融合：城乡一体新社区治理的新模式——以嘉善县桃源新邨社区为例》，《福建行政学院学报》2011 年第 5 期。

［47］ 林永锦：《村镇住宅体系化设计与建造技术初探》，硕士学位论文，同济大学，2008。

［48］ 王婕：《"新农村"环境设计研究》，硕士学位论文，赣南师范学院，2014。

［49］ 黄小军：《边疆多民族地区新农村文化建设研究——以云南为例》，博士学位论文，济南大学，2012。

［50］ 董艳琴：《云南农村垃圾处理模式探析——以三个少数民族村寨为例》，硕士学位论文，云南大学，2012。

附　录

2016 年云南新农村建设政策规定，云南新农村建设规划方案

（一）省委组织部

1. 基层党员带领群众创业致富贷款（原"红色信贷"）

政策依据：关于印发《云南省"红色信贷"贷款管理办法》和《云南省"红色信贷"贷款呆账代偿管理办法》的通知（云组通〔2013〕49 号）基层党员带领群众创业致富贷款是全省农村信用合作联社、农村信用合作社、农村信用合作社联合社、农村合作银行和农村商业银行依靠党的基层组织对借款（申请）人进行综合审查、认可后，独立审查发放的贷款。以农村信用体系建设中农户信用等级评定结果为依据，采用信用贷款的方式发放。

贷款范围：长期居住在乡镇和城关镇所辖行政村的住户，国有农场的职工和农村个体工商户中的中共党员、入党积极分子和普通群众。

贷款额度：对立足于自身脱贫致富的借款人，每户最高可申请不超过 10 万元的"红色信贷"贷款。对农村致富党员能联系帮扶 1～2 名困难群众的，每户可申请不超过 20 万元的"红色信贷"贷款。对农村带头致富党员能联系帮扶 2 名以上收入偏低党员、3 名以上困难群众的，每户可申请不超过 30 万元的"红色信贷"贷款。

贷款期限：一般为 1 年，最长不得超过 5 年。

贷款利率：对所在村被评为信用村或所在村虽未被评为信用村但已被评为信用户的借款人执行优惠利率（即同期同档央行基准利率），对不属上述情形的借款人在执行优惠利率的基础上上浮 10%。州市、县（市、区）共同研究筹集资金，给予"红色信贷"借款人首年贷款利率 3 个百分点的财政贴息。

2. 强基惠农"股份合作经济"（原"红色股份"）

政策依据：《印发〈关于开展农村集体经济"红色股份"试点工作的指导意见〉的通知》（云组通〔2013〕54 号）。

主要做法：在保持资金性质不变、投入渠道不变、监管主体不变的前提下，各级部门投入到村且可转化为项目资金或涉及村集体所有的固定资产、土地、林地等经评估折价后，经村民代表会议同意，都可作为红色股本。将发展前景好、内部管理规范、经济效益好、辐射带动能力强的农民合作社、企业等经营主体作为入股对象，按照民主决策依法组建集体经济实体，采取资金入股、资产资源经营权入股等多种形式，依法与农民合作社或企业等经营主体开展股份合作。合理设置集体经济与合作社或企业等经营主体的股权结构。"红色股份"股权属村集体所有，不得折股量化到个人。已选派常务书记的试点村，可由常务书记代表集体经济实体进入监事会（如担任副监事长），但不兼资。集体经济实体按照所占股份比例获取红利，从红利中提取一定比例的资金作为追加股本，其余红利作为村集体收入。

（二）省委宣传部

1. 农家书屋

政策依据：2013年11月，云南省新闻出版局、云南省财政厅、云南省文化厅联合印发《关于做好我省农家书屋出版物补充更新和使用工作的通知》（云新出联〔2013〕1号），规定"每个农家书屋按2000元标准安排补充资金，其中，80%由中央财政安排，20%由省级财政配套"。

补贴范围：农家书屋。

补贴对象：农家书屋。

补贴标准：每个农家书屋按2000元标准安排补充资金。

补贴方式：由省财政直接下拨各州市财政管理使用。

2. 农村电影放映工程

政策依据：《国务院办公厅关于促进电影产业繁荣发展的指导意见》（国办发〔2010〕9号）和《云南省人民政府办公厅关于促进全省电影产业繁荣发展的实施意见》（云政办发〔2010〕144号），财政部关于印发《中央补助地方农村文化建设专项资金管理暂行办法》的通知（财教〔2013〕25 号）和《云南省农村文化建设专项资金管理暂行办法》的通知（云财教〔2014〕107 号）。

补贴范围：农村电影放映场次补贴专项资金作为国家财政投入，不是按人拨款，而是按事拨款，养事不养人，用于直接补助农村电影的放映活动。

补贴对象：农村电影公益场次补贴对象是各地从事农村电影公益放映的农村电影院线公司和放映员。

补贴标准：放映场次核定的标准为，放映一部故事片或一部长科教片各为一场（90～120 分钟）；短科教片累计放映 5 部为一场（90～120 分钟）。按照每放映一场补贴 200 元的标准，其中，140 元用于支付放映员的劳务费，60 元用于支付农村院线公司购买节目、技术服务以及公司的运营等费用。

补贴方式：每年由省财政厅将场次补贴资金直接拨付给各州市财政局，农村电影放映场次通过各级电影行政管理部门审核确认后，采取给放映员建立银行账户，直接将放映补贴打入放映员银行卡的方式，由各农村电影院线公司按规定核发给农村放映员。

3. **广播电视村村通工程**

政策依据：《国务院办公厅关于进一步做好新时期广播电视村村通工作的通知》（国办发〔2006〕79 号）和《云南省人民政府办公厅关于进一步做好新时期广播电视村村通工作的通知》（云政办发〔2007〕96 号）。

惠农项目：①广播电视村村通工程运行维护。2015 年，云南省按照历年标准，分类给予运行维护经费补助：藏区县已建自然村每村 1500 元/年，边境县每村 750 元/年，国家级、省级贫困县每村 450 元/年，支持已建广播电视村村通工程运行维护工作。②广播电视无线覆盖工程运行维护。2015 年，国家和省继续按标准对转播中央节目的 193 个（其中，157 个广播电视发射台，36 个中波台）台站、转播省级节目的 156 个台站补助电费和维护经费，确保覆盖区域内农村群众能无偿收听到中央第一套、省第一套无线广播节目，收看到中央第一套、第七套和省第一套电视节目。

补贴方式：由省级财政以转移支付方式拨付到县级财政。

4. 直播卫星户户通

政策依据：《云南省直播卫星户户通工程后续建设任务实施意见》（云办通〔2013〕22 号）、《云南省村村通清流设备和农村地区非法卫星地面接收设施置换工作试点方案》（云广发〔2015〕12 号）。

（1）直播卫星户户通工程。

补贴对象：2011 年 12 月 31 日前有线电视未通达的农村地区群众。

补贴标准：每套设备政府补贴 200 元，其中，中央财政补贴 100 元，省、州（市）、县三级财政共同补贴 100 元。

补贴方式：中央和我省地方财政的补贴资金统一用于户户通设备采购，以实物形式发放至农户。

每套设备农户需承担的费用为：单模型设备每套 160 元（含 60 元预存话费），双模型设备每套 260 元（含 60 元预存话费）。

（2）采用户户通设备置换村村通清流设备和农村地区非法卫星地面接收设施。

补贴对象：农村地区村村通清流设备用户和非法卫星地面接收设施用户。未返盲的村村通加密型设备用户、已享受政府补贴的户户通用户及 10 月 30 日前仍在网的农村有线电视用户不得参与置换活动。

补贴标准：每套设备政府补贴 200 元，其中，中央财政补贴 100 元，省、州（市）、县三级财政共同补贴 100 元。州（市）、县级财政配套确有困难的，经本级政府研究并报省新闻出版广电局备案，在群众自愿、不强制置换的前提下，可适当增加群众自筹部分。

补贴方式：中央和云南省地方财政的补贴资金统一用于户户通机顶盒的采购，以实物形式发放至农户。原则上农户承担费用为：单模型设备每套 60 元，双模型设备每套 139 元（含八木天馈线）。

5. 开展公共文化惠民服务体系建设

政策依据：《云南省人民政府关于加强公共文化惠民服务体系建设的意见》（云政发〔2012〕52 号）。

主要内容：重点实施几项与人民群众精神文化生活息息相关的工程，丰富人民群众的精神文化生活，保障人民群众的基本文化权益。①实施公共数字文化惠民工程。②实施村级公共文化服务能力提升工程。

6. 开展文化惠民示范村、文化惠民示范社区创建活动

政策依据：《中共云南省委办公厅云南省人民政府办公厅关于加强农村公共文化服务体系建设的意见》（云办发〔2009〕1号）。

主要内容：自 2009 年云南省开展"文化惠民示范村"创建工作以来，全省创建五批共 335 个文化惠民示范村、19 个文化惠民示范社区，建立了覆盖全省各县区市的文化惠民示范村建设体系。第一阶段计划用 5 年时间在全省建设一批文化惠民示范村的目标任务圆满完成，"文化乐民、文化育民、文化富民"的观念深入人心，全省农村文化事业和文化产业繁荣发展。

目标任务：以提质增效为标准，进一步提高巩固前期文化惠民示范村建设成果；2015 年至 2019 年，按照每年 100 个的标准，全省新增文化惠民示范村、文化惠民示范社区 500 个。

资金补助：对每个文化惠民示范村、示范社区省级财政一次性给予 15 万元的补助；州市、县乡应一次性配套不少于 5 万元的补助；补助款主要用于生产设备、原材料、启动资金、人才培训和宣传营销方面。

（三）省委农办

社会主义新农村省级重点建设村。

政策依据：《中共云南省委云南省人民政府关于推进美丽

乡村建设的若干意见》（云发〔2014〕13 号）、2015 年《政府工作报告》及《省政府十件惠民实事》、省委农村工作会安排部署。2015 年，启动实施第七批 1000 个省级重点建设村建设，其中，按照跟进布点、全覆盖的原则，安排 500 个省级重点建设村覆盖全省 500 个美丽乡村建设。省级重点建设村平均每个村省级财政补助 45 万元，重点用于村内户外公益事业建设。

主要建设目标：通过 2～3 年的建设，重点建设村每户均有沼气池或节能灶等清洁能源，有安全卫生的饮用水，有卫生厕、厩，有进村入户的硬板路和通电条件，有简单的就医条件，有一批劳动力得到培训和转移，每户均有 1 名科技明白人，农民人均纯收入达到全省平均水平以上。

选择要求：一是以中心村、特色村、长久保留保存村为重点的 30 户以上自然村作为申报对象，乡、村两级必须有新农村建设规划；二是所选村庄农村常住居民人均可支配收入不低于本州（市）平均水平；三是村庄申请和建设重点要经过90% 以上的村民同意，村委会和村民小组干部组织领导能力较强、干群关系好；四是所选村庄必须相对集中，利于连片打造和规模开发；五是县级必须制定资金整合方案，以县为单位，以省级重点建设村为平台，将各级各部门涉农资金和社会各界资金整合进项目村，尤其是要与产业发展、一事一议财政奖补、农村危房改造及地震安居工程建设、农村生态文明建设等项目有机结合；六是州（市）、县（市、区）分别同比例配套项目建设资金；七是不能与省级扶贫整村推进项目重复，不能与省财政已扶持过的同类项目重复；八是按照分级负责原则，各州（市）、县（市、区）有配套工作经费条件，有专门的工作机构，有健全的项目资金管理制度。由项目申报所在村向乡（镇）提出申请，乡（镇）汇总后报各县（市、区）委农办。

建设内容：一是进村入户道路硬化补助；二是修建公厕、垃圾处理房、排水沟等村内户外环境卫生整治补助；三是文体活动场地建设补助。要按照有利于解决农民最关心、最急需、最受益的实际问题，有利于项目化管理，好落实、好检查的要求，因地制宜确定资金使用方向，按照村民民主议事规程确定建设项目。建设项目要在 1 年内组织实施完毕。

（四）省教育厅

1. 义务教育保障机制（即"两免一补"政策）

政策依据：《国务院关于深化农村义务教育经费保障机制改革的通知》（国发〔2005〕43 号）、《云南省深化农村义务教育经费保障机制改革实施方案》（云政办发〔2006〕36 号）。

（1）免学杂费。对农村义务教育阶段学校学生免除学杂费，并按实际在校生人数对学校给予公用经费补助，农村中小学公用经费的补助标准逐年提高，到 2013 年公用经费补助标准已提高到小学 560 元/（生·年），初中 760 元/（生·年）。

（2）免教科书费。对全省所有学校义务教育阶段学生提供免费教科书。

（3）补助家庭经济困难寄宿学生生活费。从 2006 年开始，对义务教育阶段家庭经济困难学生的生活费补助范围不断扩大，补助人数逐年增加，补助标准不断提高，到 2011 年秋季学期，已提高到小学 1000 元/（生·年），初中 1250 元/（生·年）。2012 年开始，我省实现农村义务教育寄宿生生活补助"全覆盖"。

2. 农村义务教育学生营养改善计划

政策依据：《国务院办公厅关于实施农村义务教育学生营养改善计划的意见》（国办发〔2011〕54 号）、《云南省人民政府办公厅关于农村义务教育学生营养改善计划的实施意见》（云政办发〔2012〕25 号）。

政策范围：国务院确定在集中连片特殊困难地区共 680 个县实施农村义务教育学生营养改善计划，为试点地区农村义务教育阶段学生（不含县城所在地学校的学生）提供营养膳食补助，云南省 85 个县列入国家实施范围。省委、省政府将云南省其余 44 个县（市、区）作为省级试点，按同等补助标准、同步实施，实现云南省农村义务教育学生营养改善计划全"覆盖"。

政策内容：为试点县农村义务教育阶段学生提供营养膳食补助，标准为每生每天 4 元，全年按 200 天计算，每生每年补助 800 元。补助资金全额用于每天为学生提供等价优质的食品，不得直接发放给学生和家长。

供餐模式包括：学校食堂供餐；向具备资质的餐饮企业、单位集体食堂购买供餐服务；偏远地区在严格规范准入的前提下可实行个人或家庭托餐等。

供餐内容包括：完整的午餐，以及提供蛋、奶、肉、蔬菜、水果等加餐或课间餐等。

（五）省科技厅

1. 农业科技示范园

申报条件：重点领域是种子种苗、设施农业、园林园艺、无公害农艺栽培、特色农产品开发与精深加工、畜禽良种及产业化、健康养殖等产业及相应的高新技术、先进适用技术体系构建与示范推广。

（1）专业型示范园是指以动植物新品种选育、扩繁、试验、示范、推广为目的，地域固定的试验示范基地。示范园建设主体为企业，企业年销售收入应达3000万元以上且盈利。

（2）综合型示范园是指以骨干企业为龙头，集标准化生产、加工、销售为一体，在相对固定区域内应用示范推广先进适用技术。示范园内需具有骨干企业1家以上，年销售收入不低于5000万元且盈利。

支持政策：通过认定的示范园，对通过认定的企业或单位一次性给予20万元认定补助经费，用于后期建设中的研究与开发、示范、推广、培训等工作。

2. 科技型农村经济合作组织

申报条件：在本省工商行政管理部门或民政部门登记注册。具有一定经济基础和产业规模，经济效益良好，农村经济合作组织年度总收入不低于 200 万元，不从事生产经营活动的农村经济合作组织须科技服务业绩显著，会员年度总收入不低于 200 万元，对当地农民增收具有较大带动作用。通过建立可靠、紧密、稳定的利益联结机制，拥有会员 50 户以上，农户年度人均纯收入增长 15% 以上。

支持政策：对于已认定的云南省科技型农村经济合作组织一次性给予 5 万元认定补助经费，主要用于该组织新品种、新技术的引进、试验、示范、推广等。发展业绩突出的云南省科技型农村经济合作组织可以申请省科技厅的滚动支持。

3. 农产品深加工科技型企业

申报条件：在云南省境内依法设立，具有独立法人资格的企业。资产总额在 3000 万元以上，近三年年均销售收入在 3000 万元以上；资产负债率低于 70% 的企业，是盈利企业。近三年农产品深加工销售收入占企业总销售收入的 60% 以上。企业深加工技术或产品获得 1 件（项）以上专利或有机食品、绿色食品、中国驰名商标、云南省著名商标等授权；有较健全的市场营销网络，主营产品产销率达 90% 以上。近三年研发投入占企业销售收入比例达 1% 以上，每年在研新产品或新技术项目不少于 1 项。企业银行信用等级在 A 级以上（含 A 级）。

政策支持：对通过认定的企业或单位一次性给予 5 万元认

定补助经费，省科技厅对获得认定的云南省农产品深加工科技型企业，将在省科技计划项目上给予优先支持，并积极推荐申报国家相关科技计划支持。

4. 科技特派员

申报条件：

（1）创业型科技特派员。创办（领办）的企业或者农村经济合作组织，以及以技术（知识产权等）入股的方式与企业或者经济合作组织结成利益共同体的企业或者农村经济合作组织的登记注册时间在一年以上；年度销售收入不低于100万元且实现盈利；以技术（知识产权等）入股的方式与企业结成利益共同体的，企业上年度销售收入不低于500万元且实现盈利；以技术（知识产权等）入股的方式与经济合作组织结成利益共同体的，经济合作组织上年度销售收入不低于300万元且实现盈利。

（2）服务型科技特派员。原则上应具备大学本科及以上学历或者中级及以上技术职称；从事科技服务时间不低于2年，所服务的企业上年度销售收入不低于300万元且实现盈利，或者所服务的农村经济合作组织上年度销售收入不低于200万元且实现盈利；服务期间帮助服务对象解决技术难题2项以上。

支持政策：省科技厅对通过认定的云南省科技特派员，将积极组织科技培训、交流等活动，在省科技厅给予优先支持，并积极推荐申报国家相关科技计划项目；积极向金融机构推荐云南省科技特派员创业、服务项目，多渠道加大对云南省科技特派员创业、服务的扶持力度。

5. 农村科技辅导员

申报条件：应熟练掌握一项实用技术，并具有较好的科技服务能力。从事种植、养殖和农产品加工 2 年以上，且带动农户不少于 20 户；服务当地农户 2 年以上，所服务的农户不少于 10 户。对当地特色产业发展具有较好促进作用，或科技信息工作业绩突出的乡土人才给予优先认定。

支持政策：省科技厅对通过认定的云南省农村科技辅导员，将积极组织科技培训、交流等活动。每三年表彰奖励一批云南省优秀农村科技辅导员。

6. 云南省优质种业基地

申报条件：申报主体单位为本省行政区域内登记注册二年以上，从事种植业研究开发、成果转化和产业化示范活动，具有完善组织管理体系的独立企业法人单位；申报企业近三年内通过自主研发、受让、受赠、并购等方式，对其主要产品（品种）拥有自主知识产权；或获得省级（含）以上颁发的生产（经营）许可证；科技人员占企业职工总数的 10% 以上；申报单位上年度销售收入不低于 1000 万元，其中繁育种收入及自主知识产权产品销售收入累计不低于 300 万元。

支持政策：对通过认定的企业或单位一次性给予 5 万元认定补助经费，云南省优质种业基地申报省科技计划项目，省科技厅给予优先支持，并积极推荐申报国家相关科技计划项目支持。

7. 中药材种植（养殖）科技示范园

申报条件：云南行政区域内注册、具有独立法人资格从事中药材种植（养殖）三年以上的企业或独立核算的经济合作组织。与州市级以上科研机构合作，具有较强的中药材种植（养殖）技术研发、推广能力和辐射带动能力；所生产、经营的品种属道地品种，自有 200 亩以上连片的中药材种植（养殖）核心基地（附加值和养殖药材品种不要求面积），通过高GAP 认定的优先；与带动种植（养殖）的农户有长期的合作关系，已以契约形式建立起稳定的技术、市场、管理体系，带动种植基地 1000 亩以上，年销售收入 1000 万元以上。

支持政策：对通过认定的企业或单位一次性给予 20 万元认定补助经费，用于后期建设中的研究与开发、示范、推广、培训等工作。云南省中药材种植（养殖）科技示范园申报省科技计划项目，省科技厅给予优先支持。

8. 中药材良种繁育基地

申报条件：云南行政区域内注册、具有独立法人资格从事中药材种子（苗）生产三年以上的企业或独立核算的经济合作组织。与州市级以上科研机构合作，具有较强的中药材良种选育、培育和繁育研发能力；有固定良种生产场地和生产人员，对外（含对农户的赊销）销售种苗比率 60% 以上，种苗年销售收入 100 万元以上。具有知识产权品种，获得省级（含）以上颁发的《种子生产许可证》的优先。

支持政策：对通过认定的企业或单位一次性给予 5 万元认定补助经费，云南省中药材良种繁育基地申报省科技计划项目，省科技厅给予优先支持。

9. 中药材加工科技型企业

申报条件：云南行政区域内注册、具有独立法人资格从事中药材加工三年以上的企业或独立核算的经济合作组织。从事中药材饮片生产、提取物生产和产品销售的企业（同时具有相关健康产品生产销售的优先）；拥有自建或共建的研发机构和稳定的研发队伍，有一定规模的生产场所、先进的加工技术和设备；产品年销售 3000 万元以上（拥有知识产权技术、产品的优先）。

政策支持：对通过认定的企业或单位一次性给予 5 万元认定补助经费，省科技厅对获认定的云南省中药材加工科技型企业，将在省科技计划项目上给予优先支持，并积极推荐申报国家相关科技计划支持。

（六）省民宗委

1. 民族团结进步边疆繁荣稳定示范点创建

政策依据：《中共云南省委云南省人民政府关于建设民族团结进步边疆繁荣稳定示范区的意见》。

政策内容：省民委重点实施示范区建设"十县百乡千村万户示范点创建工程"三年行动计划。即在全省范围内创建 10 个示范县市、100 个示范乡镇、1000 个民族团结进步示范村（社区）和1万户民族团结进步示范户。每个示范县补助资金1000万元，每个示范乡镇补助资金200万元，每个民族团结进步示范村补助资金80万元（民族特色村寨补助100万元、示范社区补助60万元）。

2. 人口较少民族综合保险保障和学生助学补助

政策依据：省政府制定实施《云南省人口较少民族综合保险保障和人口较少民族学生助学补助方案》。

政策内容：2014年连续实施三年，以政府购买公共服务的方式，对8个人口较少民族聚居的395个行政村78万人在现有保险基础上，提供新增人身意外伤害险和农房保险，由省财政购买每人每年10元人身意外伤害险和每户每年20元农房保险，一年最高赔付保险金额分别为125万元/人、66万元/户。对人口较少民族高中和大学在读学生分别给予每人每年1000元、2000元的助学补助。

3. 民贸民品

民族贸易和民族特需商品生产工作，简称民贸民品工作，既是经济工作的主要内容，也是民族工作的重要任务。"十一五"以来，主要形成对民贸民品企业一年期正常流动资金贷款执行基准利率，并由中央财政给予每年2.88个百分点的利差补贴；民贸网点建设和定点企业技术改造每年给予适当的贷款贴息；民贸企业和国家定点企业生产的边销茶及经销单位销售的边销茶免征增值税等优惠政策，不断满足了少数民族群众生产生活的特殊需要。

（七）省民政厅

1. 农村最低生活保障

申请条件：户籍状况、家庭收入和家庭财产是认定低保对象的三个基本条件。持有当地常住农村户口的居民，凡共同生活的家庭成员人均收入低于当地农村低保保障标准，且家庭财产状况符合当地人民政府规定条件的，可以申请低保。共同生活的家庭成员包括：配偶、父母和未成年子女；已成年但不能独立生活的子女，包括在校接受本科及其以下学历教育的成年子女；其他具有法定赡养、扶养、抚养义务关系并长期共同居住的人员。

2. 特困人员供养（农村五保供养）

对象条件：对无劳动能力、无生活来源且无法定赡养、抚养、扶养义务人，或者其法定赡养、抚养、扶养义务人无赡养、抚养、扶养能力的老年人、残疾人以及未满 16 周岁的未成年人，给予特困人员供养。

供养内容：①提供基本生活条件；②对生活不能自理的给予照料；③提供疾病治疗；④办理丧葬事宜。

3. 农村医疗救助

医疗救助对象：医疗救助实行属地管理，救助对象主要为具有当地户口的农村低保对象、农村五保对象，低收入家庭60 周岁以上的老年人，重度一、二级残疾人，边境一线行政村的农村居民、藏区困难居民、低保边缘人群、低收入家庭重病患者以及当地政府规定的其他特殊困难人群。

救助内容：①资助参合。资助救助对象参加新型农村合作医疗，确保救助对象享受新型农村合作医疗的补偿及相关优惠政策。资助参合标准为，农村五保供养对象按照标准进行全额资助参合，农村低保对象、25 个边境县以行政村为单位的边境一线农村居民，以及经批准的迪庆州除农村低保对象和五保对象外的农村居民，按照每年 70 元标准定额资助参合，其余部分由个人承担。②住院医疗救助。住院实施"零起付线"救助。救助对象在医疗救助定点医疗机构住院，按新型农村合作医疗规定补偿后，救助对象自付部分按一定比例给予民政医疗救助。救助对象一年内可一次或多次享受救助，但个人累计年救助总额不得超过当地规定的年救助总额上限标准。救助对象个人的年救助总额上限标准由各地根据实际情况制定。③门诊医疗救助。救助对象的门诊医疗费用按新型农村合作医疗规定补偿后，自付部分由民政部门进行分类救助。

4. 新农合 4 种重大疾病按病种付费医疗救助

（1）尿毒症和重性精神病。

救助对象：对经县级及以上医疗机构明确诊断患有重性精神病，当年已参加新型农村合作医疗的农村居民。

支付标准：实行定额包干。医疗费用由基本医疗保险按 90% 比例进行报销（包含大病补充保险），其余 10% 由个人自付。民政救助对象中农村五保人员个人自付部分由民政全额补助，基本实现免费治疗；城乡低保、城镇"三无"人员、福利院供养孤儿个人自付部分由民政部门给予补助 70%；低保边缘户个人自付部分由民政部门予以补助50%；享受国家抚恤补助和医疗保障的残疾军人、烈士遗属、因公牺牲军人遗属、病故军人遗属、在乡复员军人、带兵回乡退伍军人和部分参战退役人员个人自付部分由民政部门予以补助60%。

（2）儿童白血病和儿童先天性心脏病。

适用对象：0~14岁参合儿童。

支付标准，新农合按住院定额标准70%予以结算，民政救助资金按定额标准20%~30%分三类进行救助。一类农村五保供养对象按住院定额费用30%进行救助；二类农村低保对象按定额费用25%进行救助，其余5%费用由个人承担；三类其他对象按定额费用20%进行救助，其余10%费用由个人承担。

（八）省财政厅

1. 天然橡胶良种补贴

目的：加快我国天然橡胶优良品种的推广，实现品种与环境类型最佳配置，有效利用土地资源，促进植胶户和植胶农场（以下简称植胶人）节本增收，提高我国天然橡胶生产能力。

补贴对象：植胶人（从我省实施区域看，集中在红河州、版纳州、临沧市）

补助标准：33株/亩，裸根苗1元/株，袋装苗3元/株。

补贴品种：需通过省级以上农业部门鉴定并推荐的品种。

补贴方式：实行实物售价折扣补贴。将补贴资金70%拨付到苗基地，待项目实施结束，经验收合格后，拨付其余的 30%。

2. 马铃薯原种补贴

目的：推动马铃薯脱毒种薯的生产和推广应用，增加脱毒种薯供应量，提高马铃薯脱毒良种覆盖率，促进马铃薯产业持续健康发展。

补贴对象：马铃薯脱毒种薯生产主要包括原原种（微型薯）、原种、利用原种扩繁种薯等生产环节，其中前两个环节生产的主体是企业和单位，最后一个环节生产的主体是农民。一是对利用微型薯生产原种进行补贴，补贴对象是企业、单位；二是对利用原种生产脱毒种薯进行补贴，补贴对象是农民。

补贴标准：微型薯生产补贴标准为每粒 0.1 元；利用原种生产脱毒种薯的补贴标准为每亩 100 元。

补贴方式：中央在补贴方式上暂未作统一要求，我省作为试点省，本着调动微型种薯、原种、一级、二级良种生产的积极性，增加脱毒种薯的市场供应量，降低脱毒种薯价格，满足市场需求，让种植农民得实惠的原则，原则要求向农户补贴通过"一折通"发放。

3. 草原生态保护奖励补贴

目的：建立草原生态保护补助奖励机制是一项大政策，政策目标是使全国草原生态总体恶化的均势得到遏制，牧区可用于天然草原的生态保护功能得以恢复；牧区畜牧业生产方式实现转变，牧区经济可持续发展能力稳步增强；牧民增收渠道不断拓宽，牧民收入水平稳定提高；草原生态安全屏障初步建立，牧区人口与自然和谐发展的局面基本形成。

补贴对象：禁牧补助的对象是禁牧区域内承包草原并实施禁牧的牧民；草畜平衡奖励的对象是草畜平衡区域内承包草原并履行草畜平衡义务的牧民；牧民生产资料综合补贴的对象是承包草原且主要从事草原畜牧业生产的牧户；牧草良种补贴的对象是人工草场种植者，牧草良种包括多年生和一年生牧草良种，不包括青贮玉米等青贮饲料。

补贴标准：禁牧补助的测算标准为平均每年每亩 6 元，草畜平衡奖励补助的测算标准为平均每年每亩 1.5 元，牧民生产资料综合补贴标准为每年每户 500 元，牧草良种补贴标准为平均每年每亩 10 元。

补贴方式：禁牧补助、草畜平衡奖励、牧民生产资料综合补贴通过一折通方式直接发放到农户手中。牧草良种实行项目管理。

4. 村级公益事业建设一事一议财政奖补项目

（1）普惠制项目。

适用范围：村内户外村级公益设施建设，包括道路硬化、文化体育设施、人畜饮水、小型农田水利设施、环卫设施、村内绿化亮化、其他公益设施等自然村建设内容。

奖补标准：财政奖补资金可占到投资总额的 40% ~60%，个别情况特殊的，财政奖补资金可占到 80%。单个项目奖补资金额不得超过 100 万元。

申报程序：《云南省村级公益事业建设一事一议财政奖补

试点工作指南》有明确规定。

建设期限：年度批复的项目原则上当年 12 月 31 日前实施完毕，如有特殊因素需要结转下年实施的，必须于次年 2 月底前实施完毕。

负责部门：县（市、区）财政局综改办。

（2）美丽乡村项目。

适用范围：区位条件好、经济基础强、带动作用明显、人口相对聚居的自然村或行政村，重点是中心村、特色产业村、重点景区周边村、历史文化名村和古村落等。

建设内容：对人口聚居的中心村，逐步完善基础设施，提升公共服务能力；对具有历史文化价值的古村落，进行环境综合整治和科学保护；对具有一定生态旅游和民族文化资源的村庄，美化提升人居环境、发展乡村旅游。重点是围绕农村公益建设实施。

奖补标准：财政奖补资金占投资总额的比例原则上不超过80%。单个项目奖补资金额不低于 100 万元。

申报程序：《云南省一事一议财政奖补美丽乡村建设项目工作指南》有明确规定。

建设期限：一年负责部门：县（市、区）财政局综改办。

（九）省人社厅

1. 职业培训补贴和职业技能鉴定补贴

政策依据：《云南省财政厅、云南省人力资源和社会保障厅关于印发〈云南省就业专项资金管理办法〉的通知》（云财社〔2013〕214 号）。

补贴范围及对象：享受职业培训补贴的人员范围包括：城镇登记失业人员、农村转移就业劳动者、毕业学年高校毕业生（毕业学年是指从毕业前一年 7 月 1 日起的 12 个月之内）、城乡未继续升学的应届初高中毕业生（以下简称四类人员）。四类人员每人每年只能享受一次职业培训补贴，不得重复申请。享受职业培训补贴的培训期限最长不超过 12 个月。

补贴标准及方式：

（1）技能培训：对四类人员参加就业技能培训后，培训合格并通过职业技能鉴定取得初级以上职业资格证书（未颁布国家职业技能标准的职业应取得专项职业能力证书），按职业培训补贴不超过 800 元的标准给予补贴，具体标准由各州（市）财政和人力资源社会保障部门按照分类办法并结合当地实际确定。6 个月内实现就业的，按职业培训补贴标准的 100% 给予补贴；6 个月内没有实现就业的，取得初级以上职业资格证书，按不超过职业培训补贴标准的 80% 给予补贴；取得专项职业能力证书，按不超过职业培训补贴标准的 60% 给予补贴。

（2）创业培训：创业培训补贴分为创业能力补贴和后续跟踪服务补贴两个阶段，创业能力补贴阶段每人补贴标准不超过 800 元，后续跟踪服务补贴阶段每人补贴标准不超过 500 元，创业培训每人补贴标准合计最高不超过 1300 元。具体标准按各州（市）财政和人力资源社会保障部门的规定执行。

2. 鼓励创业"贷免扶补"

政策依据：云南省人民政府办公厅关于印发《云南省鼓励创业"贷免扶补"实施办法（暂行）》的通知（云政办发〔2009〕60号）。

政策要点："贷"为首次创业人员提供小额贷款支持。即对2009年1月1日后工商注册的自主创业人员，按规定提供每人不超过5万元（其中女性不超过8万元，大学生不超过10万元）的创业小额贷款。"免"对首次创业人员创业实行"四减免"。即，①免收登记类、证照类和管理类行政事业性收费。②给予税收优惠。③创业者申请创业小额贷款免反担保。④创业小额贷款2年内免收利息。"扶"对首次创业人员实行"一条龙"帮扶。为创业人员提供创业咨询和培训帮扶，创业项目评审，创业导师帮扶，跟踪服务帮扶。实施"1+3"跟踪服务，即每1名享受鼓励创业免扶补"政策的创业人员，有1个承办单位负责服务，1名联络员负责联系协调，1名创业导师负责帮扶指导。"补"对首次创业成功人员提供创业补贴。即对首次创业人员创业并稳定经营一年以上、招用我省一定数量的劳动者就业并签订劳动合同的，给予1000元至3000元的一次性创业补贴。

3. 对参保人缴费和基础养老金给予补贴

政策依据：我省城乡居民基本养老保险按《国务院关于建立统一的城乡居民基本养老保险险制度的意见》（国发

〔2014〕8 号）以及《云南省人民政府关于印发云南省城乡居民基本养老保险实施办法的通知》（云政发〔2014〕20 号）。

补贴范围及对象：县级以上人民政府对按照规定缴费的参保人、符合领取养老金条件的参保人、参保的重度残疾人以及在领取待遇期间死亡的参保人给予补贴。

4. 城乡居民基本养老保险

政策依据：《云南省城乡居民基本养老保险实施办法》（云政发〔2014〕20 号）。

参保对象：年满 16 周岁（非在校生），不是国家机关事业单位人员，没有参加企业职工基本养老保险，具有云南省户籍的城乡居民，在户籍所在地参加城乡居民基本养老保险。

5. 基本医疗保险政策

政策依据：《社会保险法》。

补贴范围、对象、标准及方式：职工应当参加职工基本医疗保险，由用人单位和职工按照国家规定共同缴纳基本医疗保险费。无雇工的个体工商户、未在用人单位参加职工基本医疗保险的非全日制从业人员以及其他灵活就业人员可以参加职工基本医疗保险，由个人按照国家规定缴纳基本医疗保险费。

6. 城乡居民大病保险

政策依据：《关于开展城乡居民大病保险工作的指导意见》（发改社会〔2012〕2605 号）、《云南省人民政府办公厅关于转发省发改委等部门云南省城乡居民大病保险实施意见（试行）的通知》（云政办发〔2012〕237 号）、《云南省人力资源和社会保障厅关于做好城镇居民大病保险工作的通知》（云人社发〔2013〕268 号）。

补贴范围、对象：城乡居民大病保险对象为城镇居民医保、新农合的参保（合）人。

（十）省住建厅

1. 农村危房改造及地震安居工程

基本政策：农村危房改造工作遵循"确保重点、兼顾一般，政府引导、自建为主，一户一宅、建新拆旧，整合资源、科学规划、突出特色，公平公正公开"的原则，按照"户申请、乡审核、县审批、州核定、省备案"的操作程序实施。补助对象的确定严格执行国家"三最"（最危险、最贫困、最基本）政策要求，即纳入农村危房改造补助对象重点是住房最危险、经济最贫困的农户，通过政府引导改造，使其有最基本的安全住房。住房最危险是指居住在按照国家《农村危险房屋鉴定技术导则（试行）》规定属 C 级、D 级危房的农户；经济最贫困是指分散供养的特困户（五保户）、低保户、贫困残疾人家庭、其他贫困户；最基本的安全住房是指原则上，改造后住房建筑面积要达到人均 13 平方米，户均面积控制在 60 平方米以内，可根据家庭人数适当调整，但 3 人以上（含 3 人）的人均建筑面积不得超过 18 平方米。防止群众盲目攀比、超标准建房，将补助资金补助经济条件较好农户建盖"小康住房"。

中央及省级补助资金方案如表 1 所示：

表 1 中央及省级补助资金方案

单位: 万元/户

中央及省级补助资金方案	按地域分类补助	拆除重建分级补助标准		
		特困户	中度贫困户	其他贫困户
	4 个边境县 1.5	3.2	1.7	1.2
	21 个贫困边境县 1.65	3.7	2.2	1.2
	85 个贫困县 1.275	2.81	1.4	1.02
	19 个一般县 1.125	1.71	1.2	1.02

2. 村镇供水、污水和生活垃圾处理设施项目

2013 年至 2017 年，推进全省建制镇 1300 个供水、污水和生活垃圾处理设施项目建设，镇区将实现集中供水普及率达到 95% 以上、污水和生活垃圾无害化处理率达到 80% 以上、垃圾无害化处理率达到 80% 以上；引导城镇市政基础设施和服务向农村延伸，以农村饮水安全，垃圾、污水治理为重点，推进新一轮农村环境连片整治工作。

全省建制镇供水、污水和生活垃圾处理设施项目分为可争取中央资金支持的项目和省级整体推进建设项目两种类型。

3. 传统村落保护与发展

申报列级国家级传统村落：传统村落是指保留了较大的历史沿革，即建筑环境、建筑风貌、村落选址未有大的变动，具有独特民俗民风，虽经历久远年代，但至今仍为人们服务的村落。传统村落体系分为"国家级 – 省级 – 州市级 – 县级"四个层级，其中国家级传统村落申报条件包括村落传统建筑风貌完整、村落格局传统、非物质文化遗产突出三个方面。经逐级

申报审核后，由住房城乡建设部、文化部、国家文物局、财政部四部委联合命名。

具体政策：凡列入国家级传统村落名录的村落，在传统村落保护发展规划编制完成后，经国家审定可获得每村平均约300万元的中央财政支持，按照农村环境保护和"一事一议财政奖补"两个资金渠道下达，用于传统村落的污水处理设施建设、垃圾处理设施建设、环境整治、古树名木及古建筑保护等工作。

（十一）省交通厅

通建制村路面硬化工程。

补助范围：属于滇西片区、滇桂黔石漠化区、乌蒙山区、迪庆藏区的85个县（市、区）。

补助对象：建制村。

补助标准：50万元/公里。

补贴方式：按照年度建设资金情况，下达建设计划补助。

说明：按照国家和省农村公路建设基本程序，由项目所在地各县（市、区）交通运输主管部门组织实施。

期限：2014－2015年。

（十二）省水利厅

1. 农田水利和农村人畜饮水

政策依据：《云南省水利厅云南省财政厅关于小型农田水

利和农村人畜饮水项目建设的意见》（云水农〔2014〕13号）。

项目申报条件：

（1）小型农田水利项目申报要符合《云南省县级农田水利规划》，对已列入国家大中型灌区改造规划，以及规划纳入中央小型农田水利重点县和专项工程实施的项目不得重复申报，项目主要用于已建灌区渠系渗漏、垮塌、病险严重等影响效益发挥的"卡脖子"渠段的改造、修复和配套，解决渠系工程设施老化失修，效益衰减的问题。其中，山区"五小水利"项目申报要符合《云南省山区"五小水利"工程建设规划（2010～2015年）》，重点支持雨水积蓄利用，小型水源建设，以及小渠道、小机电泵站等其他小型农田水利设施兴建、修复、配套和改造。

（2）农村人畜饮水项目申报要符合相关要求，对已列入国家农村饮水安全规划的项目不得重复申报，项目主要用于实施饮水安全工程建设或对已建农村饮水安全工程的修复、提升和改造。

（3）单个省级小农水项目申请投资应不高于200万元，其中小型农田水利项目灌溉面积应不超过2万亩；农村人畜饮水项目应以单个工程为申报单元。

（4）省级小农水项目申报除有项目建设方案外，必须附有村民一事一议筹资筹劳的会议记录、村民签字、筹资筹劳方案的原始材料，并将作为项目立项的重要依据。

（5）项目申报须附有逐级申报文件。

2. "爱心水窖"

政策依据：《中共云南省委云南省人民政府关于建设"爱心水窖"解决饮水困难的意见》（云发〔2012〕16号）、《云南省水利厅关于加强"爱心水窖"工程建设管理工作的意见》（云水农〔2013〕35号）、《云南省水利厅关于加强"爱心水窖"建设管理工作的补充意见》（云水农〔2014〕92号）。

（十三）省农业厅

1. 农资综合直补

政策依据：《云南省财政厅关于印发〈2008年云南省对种粮农民综合直补实施办法〉的通知》（云财建〔2008〕53号）、《云南省财政直接补贴农民资金"一折通"发放管理暂行办法》（云财农〔2009〕349号）。

目的：弥补种粮农民因化肥、柴油等农业生产资料价格变动而增加的支出。

补贴范围和对象：全省从事粮食种植的农民和国有农场职工。

测算依据：根据中央对我省的补贴资金总额，以各地近三年上报的粮食播种面积、粮食产量及商品量的平均数为测算因素，采用因素法核定补贴金额。权重比例为粮食播种面积占70%、粮食总产量占20%、粮食商品量占10%。

补贴方式：补贴资金通过粮食风险基金实行专户管理，通过"一折通"方式发放到农户手中。补贴资金实行包干使用，当年结余结转下年使用，超支由各地自行解决。

2. 粮食直补

政策依据：《2005 年云南省粮食直接补贴实施办法》（云政办发〔2005〕35 号）、《云南省财政直接补贴农民资金"一折通"发放管理暂行办法》（云财农〔2009〕349 号）。

目的：为了稳定和发展粮食生产，优化品种结构，提高粮食品质，保护种粮农民利益，增加农民收入。

补贴范围和对象：粮食直补资金的分配以《2005 年云南省粮食直接补贴实施办法》规定的宜良、陆良、宣威、隆阳、腾冲、镇雄、永胜、宁洱、耿马、南华、蒙自、建水、景洪、勐海、勐腊、祥云、宾川、瑞丽、芒市、盈江等 20 个粮食主产县（市、区）的水稻、玉米种植的经营者及农户。

测算依据：以上年度稻谷和玉米的实际播种面积为测算依据，按照以下公式计算补贴资金。

某县的补贴金额 ＝ 该县稻谷、玉米实际播种面积 ÷20 个粮食主产县的稻谷、玉米实际播种总面积 × 粮食直补资金总额

补贴方式：资金从省级粮食风险基金中安排，通过粮食风险基金专户逐级拨付，实行专户管理，通过"一折通"方式发放。

3. 农作物良种补贴

政策依据：《云南省财政厅云南省农业厅关于转发〈中央财政农作物良种补贴资金管理办法〉的通知》（云财农

〔2010〕26 号）、《云南省财政直接补贴农民资金"一折通"发放管理暂行办法》（云财农〔2009〕349 号）。

目的：为了稳定和发展粮食生产，调动农民种粮积极性，鼓励农民利用冬闲田扩大双"低"油菜种植面积，加快普及优良品种，提高单产和品质，促进长江流域油菜优势产业带建设。

补贴品种：良种水稻、杂交玉米、良种小麦、良种油菜、青稞和棉花。

补贴范围和对象：全省从事良种水稻、杂交玉米、良种小麦、良种油菜、青稞和棉花种植的农民和国有农场职工。

补贴标准：水稻分早、中、晚三季分别进行补助，每亩补助 15 元；玉米、小麦、油菜、青稞每亩补助 10 元；棉花每亩补助 15 元。

补贴方式：省级以全省种植面积为依据预拨补助资金，年终进行结算，采用"一折通"方式发放。

4. 畜牧良种补贴

生猪良种补贴。

政策依据：《云南省生猪良种补贴资金管理实施细则（试行)》（云财农〔2007〕227 号）和《云南省畜牧良种补贴项目实施方案》。

目的：中央为全面提高生猪养殖水平，促进养猪业的持续发展，对使用优质精液的生猪养殖户给予补贴。

补贴范围及对象：在云南省 40 个生猪养殖大县进行补贴，

对项目县使用良种猪精液开展人工授精的母猪养殖者（包括散养户和规模养殖户、场）进行补贴。

补贴标准：在国家选定的优良品种范围内，按每头能繁母猪每年繁殖 2 胎，每胎配种使用 2 份精液，每份精液补贴 10 元，共计 40 元。

补贴方式：由县级畜牧兽医主管部门招标确定供精单位，供精单位向养殖户（场）供应良种猪精液。财政部门根据审核确认的供精数量将补贴资金直拨供精单位。

奶（肉、水）牛良种补贴。

政策依据：《云南省奶牛良种补贴资金管理实施细则（试行）》（云财农〔2007〕249 号）和《2013 年云南省畜牧良种补贴项目实施方案》。

目的：为支持奶业和肉牛业发展，全面提高奶牛和肉牛养殖水平，促进农民增收，对使用优质冻精的奶牛、奶水牛和肉牛养殖户给予补贴。

补贴范围及对象：在云南省 13 个荷斯坦奶牛养殖大县、22 个奶水牛养殖大县、12 个肉牛养殖大县进行补贴，对项目县使用良种精液的养殖户（场、小区）进行补贴。

补贴标准：在国家选定的优良品种范围内，按奶水牛每头补贴 20 元；荷斯坦奶牛每头补贴 30 元；肉牛每头补贴 10 元的标准进行补贴。

补贴方式：由省组织各项目县招标确定供精单位，供精单位向项目县供应冻精，项目县畜牧部门向养殖户（场）供应补贴冻精，由农业厅根据审核确认的供精数量将补贴资金直拨到供精单位。

绵羊、山羊良种补贴。

政策依据：《云南省畜牧良种补贴项目实施方案》。

目的：为支持养羊业发展，全面提高养殖水平，促进农民增收，对使用优质冻精的奶牛、奶水牛和肉牛养殖户给予补贴。

补贴范围及对象：对我省 30 个养羊大县存栏能繁母羊 30 只以上的养殖户进行补贴。

补贴标准：购买绵羊、山羊种公羊每只一次性补贴 800 元。

补贴方式：省级畜牧部门负责组织专家对种畜场进行评定，对种公畜进行鉴定，公布入选的种畜场名单，并会同财政部门组织项目县统一采购种公畜，签订合同。省级财政部门根据采购合同、销售发票与供种单位结算补贴资金。供种单位按照补贴后的优惠价格向养殖者提供种公畜。

5. 农机购置补贴

政策依据：《农业部办公厅财政部办公厅关于印发 2015～2017 年农业机械购置补贴实施指导意见的通知》（农办财〔2015〕6 号）。

目的：为了鼓励和支持农民使用先进适用的农业机械，推进农业机械化进程，提高农业综合生产能力，促进农业节本增效、农民增产增收。

补助范围：全省农牧业县（场）。

补助机型的选择：在国家公布的农机购置补贴目录范围内，由项目区农户自愿选择。

补贴对象：全省范围内直接从事农业生产的个人和农业生产经营组织。

补助标准：一般农机每档次产品补贴额原则上按不超过该档产品上年平均销售价格的30%测算，单机补贴额不得超过5万元；挤奶机械、烘干机单机补贴额不超过12万元；100马力以上大型拖拉机、高性能青饲料收获机、大型免耕播种机、大型联合收割机、水稻大型浸种机催芽机程控设备单机补贴额不超过15万元；200马力以上拖拉机单机补贴额不超过25万元；大型甘蔗收获机单机补贴额不超过40万元。

补贴操作与资金兑付：实行自主购机、定额补贴、县级结算、直补到卡（户）。

6. 草原生态保护补助奖励

政策依据：《农业部财政部关于印发〈2011年草原生态保护补助奖励机制政策实施指导意见〉的通知》（农财发〔2011〕85号）。

目的：为促进云南省草原生态恢复和农牧区经济又好又快发展，实现农牧民增收和建设草原生态文明。

补贴范围及对象：草原禁牧补助和草畜平衡奖励的发放对象为承包草原并履行禁牧或草畜平衡义务的农牧民，按照已承包到户的禁牧或草畜平衡草原面积发放。牧民生产资料综合补贴的发放对象为 2009 年底统计的承包草原且目前仍在从事草原畜牧业生产的纯牧户。

补贴标准：禁牧补贴为每亩 6 元；草畜平衡奖励为每亩 15 元；牧民生产资料综合补贴为每户每年补助 5 元。

补贴方式：草原禁牧补助、草畜平衡奖励牧民生产资料综合补贴采用"一折通"直接发放到户，不具备"一折通"发放条件的，要采取现金方式直接发放到户。

7. 政策性种植业保险保费补贴

政策依据：《财政部关于印发〈中央财政种植业保险保费补贴管理办法〉的通知》（财金〔2008〕26 号）。

目的：保障农民不因灾致贫、灾后能迅速恢复生产生活，促进农村社会稳定。

补助范围：在全省 16 个州市的开展试点政策性种植业保险保费补贴。

补贴对象：种植水稻、玉米、油菜、青稞、甘蔗、橡胶等作物并参加保险的农业经营者及农户。

保险责任：因暴雨、洪水、内涝、风灾、雪灾、雹灾、冻灾、干旱、病虫害等自然灾害而遭受的种植业灾害。

保险金额：按每季每亩水稻 260 元、玉米 275 元、油菜 230 元、青稞 240 元、甘蔗 500 元、橡胶 3000 元核定。

保费承担比例：水稻每亩保费 19 元，玉米每亩保费 16 元，油菜每亩保费 13 元，青稞每亩保费 22 元，其中，中央财政补贴 40%，地方财政补贴 50%，农业经营者及农户承担

10%。甘蔗每亩保费47元，橡胶每亩保费45元，其中，中央财政补贴40%，地方财政补贴40%，农业经营者及农户承担20%。

承保方式：县级人民政府指定县级农业部门作为全县政策性种植业保险投保人。保险公司为全县种植业统保出具统一保单，在特别约定中注明种植户为受益人，并附农户分户清单。

定损及理赔：发生保险灾害事故后，由保险公司为主负责农作物灾害损失的查勘定损确认，由农业相关部门复核监督，确保灾后理赔服务工作顺利开展。保险公司根据确认的损失及保单约定，理算到户的赔款金额在受灾村委会（或适当场合）公告公示后，经投保人委托支付兑现到各受灾种植户。

8. 政策性养殖业保险保费补贴

能繁母猪保险保费补贴

政策依据：《国务院关于促进生猪生产发展稳定市场供应的意见》《云南省人民政府贯彻落实国务院关于促进生猪生产发展稳定市场供应文件的通知》。

目的：为增强养猪户抵御灾害等风险的能力，建立生猪产业健康发展的长效机制，稳定生猪市场供应，保障人民生活。

保险责任：重大病害、自然灾害和意外事故所引起致的能繁母猪直接死亡。

保险金额：按每头1000元核定。

保费承担比例：保费费率按6%核定，即每头保费60元。

中央承担 50%，每头补助 30 元；地方承担 30%，每头补助 18 元；农户承担 20%，每头 12 元。

补贴对象：全省能繁母猪养殖者。

补贴方式：以"见费出单"的方式进行承保，即在自愿的前提下，由养殖户和保险公司直接签订保险合同，保险公司收取养殖户自担保费后，向养殖户出具保险凭证，保险公司按照养殖户缴纳保费的实际数量申请保费补贴资金。已保险能繁母猪发生保险责任范围内的死亡，由保险公司依托各级农业畜牧部门做好理赔、核实等相关工作，并按照订立保险合同时的约定进行赔偿。

奶牛保险保费补贴

政策依据：《关于进一步加大支持力度做好农业保险保费补贴工作的通知》（财金〔2012〕2 号）、《2012～2015 年度云南省农业保险（种植业、养殖业）项目操作规程（试行）的通知》（云财金〔2012〕80 号）。

目的：为增强奶牛养殖户抵御灾害等风险的能力，促进奶业持续发展。

保险责任：重大病害、自然灾害及意外事故。

保险金额：按每头 6000 元核定。

保费承担比例：保费费率按 6% 核定，即每头保费 360 元，中央承担 180 元，地方承担 108 元，农户承担 72 元。

补贴对象：全省奶牛养殖户（场）。

补贴方式：以"见费出单"的方式进行承保，即在自愿的前提下，由养殖户和保险公司直接签订保险合同，保险公司收取养殖户自担保费后，向养殖户出具保险凭证，保险公司按照养殖户缴纳保费的实际数量申请保费补贴资金。已保险奶牛发生保险责任范围内的死亡，由人保财险公司依托各级农业畜牧部门做好理赔、核实等相关工作，并按照订立保险合同时的约定进行赔偿。

（十四）省林业厅

1. 天然林保护

政策依据：《国家林业局关于印发〈天然林资源保护工程森林管护管理办法〉的通知》（林天发〔2012〕33 号）、《云南省人民政府关于继续推进天然林资源保护工程的意见》（云政发〔2011〕194 号）。

政策摘编：天保工程区内，对国有林，中央财政每亩每年补助 5 元森林管护费，省根据管护面积按照每亩每年 3 元安排到实施单位，其余每亩每年 2 元由省统筹用于安置森工企业、国有林场等职工继续从事森林管护工作；对区划为地方公益林的集体林，中央财政每亩每年补助森林管护费 3 元，由实施单位统筹用于森林防火、病虫害防治、专职护林员管护等公共管护体系建设和支出。按照现行政策和资金渠道，对森工企业和国有林场职工基本养老、医疗、失业、工伤和生育等 5 项社会保险继续给予补助；对离休人员医疗统筹费给予补助；补助资金实行动态管理，一年一定。对尚未移交地方管理、仍由森工企业负担的医疗卫生机构，按照实际在职职工人数给予补助；森工企业移交给地方的森林公安，按照实际移交人数对接受单位给予定额补助。由中央基本建设投资安排，继续实施公益林建设，人工造林每亩补助 300 元，封山育林每亩补助 70 元。

2. 森林生态效益补偿

政策依据：《财政部国家林业局关于印发〈中央财政林业补助资金管理办法〉的通知》（财农〔2014〕9 号）、《云南省财政厅云南省林业厅关于印发云南省森林生态效益补偿资金管理办法的通知》（云财农〔2014〕212 号）。

补偿范围：按照《国家级公益林区划界定办法》区划界定的国家级公益林林地，按照《云南省地方公益林管理办法》进行区划界定，经省林业主管部门和省财政部门核查认定，并报省人民政府批准的省级公益林。天保工程区权属为国有的国家级和省级公益林纳入国家天保二期森林管护补助，不实行生态效益补偿。

补偿标准：权属为集体和个人的国家级和省级公益林每年每亩 15 元；权属为国有的国家级和省级公益林每年每亩安排 5 元管护费。

办理程序：每一年度，省财政部门会同省林业主管部门将补偿基（资）金逐级下达到县（市、区），由县级林业和财政部门按照《森林生态效益补偿县级实施方案》确定的范围、地块、责任区、管护措施和补偿对象组织实施。

3. 新一轮退耕还林

政策依据：国家发展和改革委员会财政部国家林业局农业部国土资源部《关于印发新一轮退耕还林还草总体方案的通知》（发改西部〔2014〕1772号）、云南省发展和改革委员会省财政厅林业厅农业厅国土资源厅《关于印发云南省新一轮退耕还林还草实施方案的通知》（云发改西部〔2015〕46号）。

实施范围：25度以上非基本农田坡耕地。

补助政策：每亩补助1500元，分三次下达，其中第一年补助800元，中央预算内投资种苗造林费300元/亩，中央财政专项投资现金补助500元/亩，第三年现金补助300元/亩，第五年现金补助400元/亩。

4. 退耕地还林补助

云南省原已实施的退耕还林已经补助到期，国家不再补助，现只有完善政策补助。

政策依据：《国务院关于完善退耕还林政策的通知》（国发〔2007〕25号）和财政部、国务院西部开发办、国家发展改革委、农业部、国家林业局、国家粮食局联合发布的《巩固退耕还林成果专项资金使用和管理办法》（财农〔2007〕327号），以及《云南省人民政府贯彻国务院关于完善退耕还林政策文件的实施意见》（云政发〔2007〕189号）和《云南省巩固退耕还林成果专项资金使用和管理办法》（云财农〔2008〕190号）等文件。

补助期限和范围：还生态林补助 8 年，还经济林补助 5 年。

补助对象和标准：实施退耕还林退耕户，每亩退耕地每年补助现金 105 元。原每亩退耕地每年 20 元生活补助费，继续直接补助给退耕农户，并与管护任务挂钩。

5. 巩固退耕还林成果补助

政策依据：《国务院关于完善退耕还林政策的通知》（国发〔2007〕25 号）。

补助范围：适用于经国家批准的巩固退耕还林成果专项规划项目建设管理，包括基本口粮田建设、农村能源建设、生态移民、后续产业发展、技术技能培训和补植补造等。项目建设以退耕还林集中区为重点，重点覆盖退耕农户。

补助对象：以退耕还林区为重点、重点覆盖退耕农户。

补助标准：农村能源建设（沼气池中央专项资金 1000 元/口，省级财政补助 1000 元/口。节柴炉专项资金补助 100 元/眼、太阳能 1000 元/户、微小水电机 1000 元/台、薪炭林建设 100 元/亩），后续产业发展种植业 120 元/亩，退耕农户就业创业技术技能培训 200 元/人、补植补造 100 元/亩。

6. 陡坡地生态治理生活费补助

政策依据：《云南省人民政府办公厅关于实施陡坡地生态治理的意见》（云政办发〔2012〕152 号）及《云南省林业厅云南省财政厅关于完善陡坡地生态治理相关政策的通知》（云林联发〔2015〕2 号）。

实施范围：按照突出重点、先急后缓的原则，优先安排江河两岸、城镇面山、公路沿线、湖库周围等生态区位重要、生态状况脆弱、集中连片特殊困难地区 15～25 度以及第二次全国土地调查成果范围外 25 度以上的陡坡地进行退耕还林。

补助标准：省级陡坡地治理工程省财政每亩补助 1500 元，其中，种苗造林补助费 300 元/亩，现金补助 1200 元/亩。资金分三次兑付，第一年每亩补助 800 元/亩（其中种苗造林补助费 300 元/亩）、第三年每亩补助 300 元/亩、第五年每亩补助 400 元/亩。种苗造林补助 300 元/亩由各地业务主管部门统一规划、统一负责组织实施。现金补助由各县（市、区）财政部门根据业务主管部门的兑现方案直接兑现给实施陡坡地生态治理的林权所有者。2012 年、2013 年已实施的陡坡地生态治理工程按原政策补助标准执行。

7. 森林抚育补贴

政策依据：《财政部国家林业局关于印发〈中央财政林业补助资金管理办法〉的通知》（财农〔2014〕9 号）。

补贴范围：当年有该项目计划任务的县（市、区）。实施森林抚育的森工企业、国有林场、农民专业合作社及林业职工和农民。

实施对象：幼龄林和中龄林。其中，天保工程区森林抚育对象为国有林，非天保工程区森林抚育对象为国有林以及集体和个人所有的公益林。一级国家公益林不纳入森林抚育范围。

补贴标准：非天保工程区的补贴标准为 100 元/亩，天保工程实施范围内的补贴标准为 120 元/亩。

8. 林业贷款中央财政贴息

政策依据：《财政部国家林业局关于印发〈中央财政林业补助资金管理办法〉的通知》（财农〔2014〕9 号）、《云南省林业贷款贴息资金管理实施细则》（云财农〔2011〕104 号）。

贴息对象及范围：

（1）林业龙头企业以公司带基地、基地连农户的经营形式，立足于当地林业资源开发、带动林区、沙区经济发展的种植业、养殖业以及林产品加工业贷款项目。

（2）各类经济实体营造的工业原料林、木本油料经济林以及有利于改善沙区、石漠化地区生态环境的种植业贷款项目。

（3）国有林场（苗圃）、国有森工企业为保护森林资源，缓解经济压力开展的多种经营贷款项目，以及自然保护区和森林公园开展的森林生态旅游贷款项目。

（4）农户和林业职工个人从事的营造林、林业资源开发和林产品加工贷款项目。

贴息率：中央财政年贴息率为 3%，省级财政年贴息率为 2%。

贴息期限：林业贷款期限 3 年以上（含 3 年）的，贴息期限为 3 年；林业贷款期限不足 3 年的，按实际贷款期限贴息。对农户和林业职工个人营造林小额贷款，适当延长贴息期限。贷款期限 5 年以上（含 5 年）的，贴息期限为 5 年；贷款期限不足 5 年的，按实际贷款期限贴息。

9. 国家林木良种补贴

政策依据：《财政部国家林业局关于印发〈中央财政林业补助资金管理办法〉的通知》（财农〔2014〕9 号）。

补贴对象及范围：经过国家批准的 5 处国家重点林木良种基地及培育良种苗木的国有育苗单位。

补贴标准：①国家重点林木良种基地补贴标准。种子园、种质资源库每亩分别补贴 600 元，采穗圃每亩补贴 300 元，母树林、试验林每亩分别补贴 100 元。②良种苗木培育补贴标准。除特殊要求的良种苗木外，平均每株良种苗木补贴 0.2 元，由省级根据不同树种苗木确定补贴标准。

10. 国家造林补贴

政策依据：《财政部国家林业局关于印发〈中央财政林业补助资金管理办法〉的通知》（财农〔2014〕9 号）。

补贴对象：在宜林荒山荒地、沙荒地或迹地进行人工更新造林，面积不小于 1 亩（含 1 亩）的农民、林业职工、农民专业合作社等造林主体。

补贴标准：乔木林和木本油料林每亩补助 200 元，灌木林每亩补助 120 元，水果、木本药材等其他林木每亩补助 100 元，新造竹林每亩补助 100 元，迹地人工更新每亩补助 100 元。

11. 木本油料产业发展专项资金

政策依据：《云南省人民政府关于加快核桃产业发展的意见》（云政发〔2008〕129 号）、《云南省人民政府关于加快木本油料产业发展的意见》（云政发〔2009〕44 号）、《云南省林业厅云南省财政厅云南省发展和改革委员会关于印发〈云南省木本油料基地建设项目管理暂行办法〉的通知》（云林联发〔2010〕47 号）。

扶持对象：发展木本油料产业的企业、林农专业合作社和个人。

补助标准：核桃基地建设 100 元/亩，油茶、澳洲坚果、美国山核桃基地建设 200 元/亩，核桃提质增效 150 元/亩。

12. 省级农村能源补助资金

政策参考：《云南省政府关于印发〈云南省财政支农专项资金管理暂行办法〉的通知》（云政发〔2002〕57 号）及《云南省林业厅关于印发〈云南省农村能源建设管理办法〉的通知》（云林法策〔2011〕12 号》。

扶持范围和补助标准：农村节柴改灶 300 元/户、农村太阳能热水器推广项目 1000 元/户、病旧沼气池改造 1000 元/户（2015 年起不再安排农村户用沼气建设项目）。

13. 野生动物公众责任保险

政策依据：《中华人民共和国野生动物保护法》《中华人民共和国陆生野生动物保护条例》《云南省陆生野生动物保护条例》《云南省重点保护陆生野生动物造成人身财产损害补偿办法》。

补偿对象和范围：在本省行政区域内，国家和省重点保护的陆生野生动物造成人身财产损害有下列情形之一的，受害人有取得政府补偿的权利。①对正常生活和从事正常生产活动的人员造成身体伤害或者死亡的；②对在划定的生产经营范围内种植的农作物和经济林木造成较大损毁的；③对居住在自然保护区的人员在划定的生产经营范围内放牧的牲畜，或者在自然保护区外有专人放牧的牲畜以及圈养、归圈的牲畜造成较重伤害或者死亡的；④经县以上林业行政主管部门认定，造成人身和财产损害的其他情形。

补偿标准：由中央财政和省财政拨款购买保险，补偿标准按合同约定。

14. 森林火灾保险

政策依据：《中国保监会国家林业局关于做好政策性森林保险体系建设促进林业可持续发展的通知》（保监发〔2009〕117 号）、《财政部关于 2010 年度中央财政农业保险保费补贴工作有关事项的通知》（财金〔2010〕49 号）、《云南省林业厅云南省财政厅云南保监局关于印发森林火灾保险方案的通知》（云林联发〔2011〕38 号）等。

范围和期限：云南省内一年一保。

保险标的：生长和管理正常的公益林、商品林。

保险责任：保险期内，因森林火灾造成保险林木死亡及森林火灾施救造成保险林木死亡和伐除的直接经济损失，承保的保险公司负责赔偿。

保险金额：以亩为投保计量单位，保险金额为每亩保险金额与被保险林地面积的乘积。每亩保险金额按保险林木再植及管护至郁闭成林的平均成本确定，每亩 400 元。保费为 0.4

元/亩，保险费率为 1‰。

保费补贴标准：公益林由财政统一全额承担，商品林财政承担 85%，林业经营者承担 15%。

（十五）省商务厅

1. 农集贸市场、大型批发市场建设

政策依据：《云南省人民政府关于加快推进流通产业发展的若干意见》（云政发〔2011〕138 号）。按以奖代补的方式，省级财政每年安排 3000 万元补助 100 个乡镇农集贸市场的建设改造，安排 1500 万元重点培育 10 个省级大型批发市场。

2. 促进农产品现代流通体系建设

政策依据：《云南省商务厅云南省财政厅关于做好促进农产品现代流通体系建设项目申报工作的通知》（云商市〔2014〕72 号）、《云南省财政厅关于拨付促进农产品现代流通体系建设项目补助资金的通知》（云财企〔2014〕363 号），省级财政安排 2000 万元支持该项目。

补贴范围：以云南省大型农产品批发市场、流通企业及产销基地为依托，以产地集配中心、加工配送冷链系统为重点，积极引导发展农产品现代流通电子商务，加强农产品主产区流通设施建设，构建农产品现代流通政府公共信息服务平台。

补贴对象：大型农产品批发市场，农产品生产、流通企业。

补贴标准：补助资金原则上不超过项目实际投资额的

50%。根据当年专项资金规模和符合申报条件的项目数量上下浮动，但单个企业的最高支持资金不超过 300 万元。

补贴方式：无偿补助和贷款贴息，无偿补助包括直补和物流补助，贷款贴息包括固定资产投资的贷款和流动资金的贷款。

（十六）省卫生厅

新型农村合作医疗。

保障对象：新型农村合作医疗的保障对象为具有农业户口的农村居民，并以户为单位在户籍所在地自愿参合。农垦系统、华侨农场、林场、各类开发区中属于农业人口的居民，按照自愿和属地化管理的原则纳入户籍所在地新型农村合作医疗制度。农村居民按年度在当年 2 月底前或当地规定参合缴费期限内，缴纳参合费后，当年即享受新农合医疗保障。

新农合基金由各级财政补助和个人缴费构成，其中财政补助占较高比重，2015 年云南省新农合财政人均补助 380 元，占人均筹资 470 元的 80% ~ 85%。参合群众个人缴费标准根据社会经济发展、医疗费用情况和保障水平，按照国家要求进行制定，2015 年度云南省个人参合缴费标准仍维持每人每年 90 元，有条件的地区可适当提高个人缴费标准并相应提高保障水平。

参合惠民政策：一是全省农村低保、五保供养对象和 25 个边境县（市）中边境一线以行政村为单位的农村居民，由中央财政和省级财政安排的农村医疗救助资金全额或部分资助参加新农合；二是农村独生子女的父母及年龄不满 18 周岁的独生子女、只生育了两个女孩且采取了绝育措施的农村夫妻，个人缴纳的参合费用由省、州、县三级财政分担；三是当年出生的新生儿在年度内随父母享受新农合报销补偿，封顶线合并计算。

保障水平：新农合主要承担基本医疗保障，各统筹县（市、区）按照"以收定支、收支平衡、略有结余"的原则，根据基金总量、医疗服务及费用情况，制定年度实施方案。新农合保障分为门诊统筹和住院补偿两大类。

大病保障：新农合大病保障指在新农合基本医疗保障基础上，对重大疾病或产生大额医疗费用疾病，按大病保障政策再给予一定比例补偿，进一步减轻大病参合患者医疗费用负担。目前我省新农合大病保障政策主要有提高重大疾病保障水平和大病保险两类。

（1）提高重大疾病保障水平。按照国家统一部署，根据新农合基金支付能力，将儿童先心病、儿童白血病、乳腺癌、宫颈癌、重性精神病、终末期肾病、耐多药肺结核、艾滋病机会性感染、肺癌、食道癌、胃癌、结肠癌、直肠癌、慢性粒细胞白血病、急性心肌梗死、脑梗死、血友病、2 型糖尿病、甲亢、唇腭裂、儿童尿道下裂、儿童苯丙酮尿症等 22 种临床诊疗规范、疗效确切、诊疗技术难度大、病程变异小、病例数相对较多的病种纳入重大疾病保障范围，并随着新农合筹资水平和基金支付能力的提高，逐步扩大保障病种。纳入重大疾病保障范围的病种，按单病种总额包干付费（费用标准按照病种补偿方案规定执行），包干费用内新农合补偿70%，个人自付30%，其中：儿童先心病、儿童白血病、尿毒症和重性精神病结合民政医疗救助，五保对象基本实现免费治疗。

（2）大病保险。从新农合基金中，按比例划拨资金用于向商业保险机构购买或采取二次补偿形式建立大病保险，在参合群众因患大病发生高额医疗费用的情况下，对新农合补偿后需个人负担的合规医疗费用给予保障。以力争避免农村居民发生家庭灾难性医疗支出为目标，根据"以收定支，保本微利"原则，各统筹地区根据当地农村人均纯收入水平合理确定起付标准，并按医疗费用高低分段制定支付比例，起付比例不低于50%，费用越高报销比例越高，最大限度地减轻参合群众医疗费用负担。

（十七）省金融办

小额贷款保证保险试点。

政策依据：《云南省金融办云南省财政厅人行昆明中心支行云南银监局云南保监局关于印发〈云南省小额贷款保证保险试点工作实施方案〉的通知》（云金办〔2014〕16号）。

补贴范围：引导和鼓励金融机构加大对小微企业、农业种养殖大户和农村各类生产经营性合作组织的信贷投放，缓解小微企业、农业种养殖大户和农村各类生产经营性合作组织抵押担保难问题。贷款的额度分别是小微企业、农村各类生产经营性合作组织贷款金额单户累计不超过 300 万元，预计农村种养殖大户单户累计不超过 50 万元；小微企业、农村种养殖大户、农村各类生产经营性合作组织的融资需求分别由工信、科技、商务、农业、林业、工商联等部门征集后，向试点金融机构推荐。小额贷款保证保险的借款人是在云南省行政区域内经营期一年以上的小微企业、农业种养殖大户和农村各类生产经营性合作组织，申请小额贷款用于生产经营，作为小额贷款保证保险试点主要申请对象。银行在相关手续完备后向借款人发放贷款。

补贴标准：省政府每年安排 3000 万元的小额贷款保证保险风险补偿专项资金，用于对全省小额贷款保证保险的风险专项补偿，对于试点期间保险公司赔付率超过 120% 的超赔部分给予 80% 的补偿。小额贷款保证保险费率以保险公司在保险监管机关备案或核准的费率为基础，试点期间年费率合计最高不超过贷款本金的 3%（包括保证保险费率和借款人意外伤害保险费率）。

补贴方式：借款人投保小额贷款保证保险时，应向同一保险公司投保个人意外伤害保险，保险金额不低于贷款本金，发生保险事故而造成借款人无法按约定还款时，保险机构有权将保险赔款资金优先用于归还借款人所欠银行贷款。

（十八）省扶贫办

1. 扶贫开发整乡推进

政策依据：《云南省人民政府关于进一步做好全省扶贫开

发整乡推进工作的意见》（云政发〔2014〕42号）等。

对象范围：建档立卡贫困乡镇，财政专项扶贫资金主要用于到村到户的精准扶贫项目。

扶持标准：整乡推进，一次规划，两年实施。每个乡镇补助财政专项扶贫资金2000万元，每年安排1000万元。县级政府按照不低于1∶5的比例整合资金，制定实施方案。

审批程序：2015年实施整乡推进70个，由州市县在建档立卡贫困乡镇中推荐项目乡镇，上报省政府核准。整乡推进实施方案由县级政府编制，报州（市）人民政府审批，省级监管。

2. 扶贫开发整村推进

对象范围：整村推进以贫困村为单元，以贫困户为首扶对象，着力解决贫困群众急需解决的生产生活困难和问题。2015年，行政村整村推进按照国家"十二五"规划（2011~2015年）确定的云南实施2800个贫困村名单，分年度实施。自然村整村推进瞄准贫困地区贫困人口相对集中的建档立卡贫困村。

扶持标准：每个行政村补助财政专项扶贫资金100万元，自然村整村推进每个村补助财政专项扶贫资金60万元。县级政府按照补助标准，不低于1∶2的比例整合资金。

审批程序：整村推进省级项目村年度计划指标由省级测算分配到州市县，由州市县在建档立卡贫困村中确定项目村。整村推进实施方案由乡镇政府编制，报县级扶贫、财政部门组织审核后，由县级人民政府审批，州市监管。

3. 2015 年贫困地区劳动力转移培训

政策依据：中办《关于创新机制扎实推进农村扶贫开发工作的意见》（中办发〔2013〕25 号）、《云南省农村扶贫开发纲要（2011～2020 年)》（云发〔2012〕3 号）。

补偿范围和对象：云南省贫困地区农村具有一定文化程度，遵纪守法，身体健康，16 至 55 周岁，自愿参加转移培训的农村劳动力（不含在校学生）。

补偿标准：引导性培训人均补助标准 300 元，技能培训人均补助标准 1000 元。

办理程序：每一年度下达计划数到州市，由州市扶贫办分解到县后报省扶贫办汇总审核，形成当年度贫困地区劳动力转移培训项目计划。

4. 财政扶贫资金产业项目

政策依据：《中国农村扶贫开发纲要（2011～2020 年)》，《云南省农村扶贫开发纲要（2011～2020 年)》、《中共中央办公厅国务院办公厅印发〈关于创新机制扎实推进农村扶贫开发工作的意见〉的通知》（中办发〔2013〕25 号）、《中共云南省委办公厅云南省人民政府办公厅印发〈关于创新机制扎实推进农村扶贫开发工作的实施意见〉的通知》（云办发〔2014〕14 号）、《云南省财政扶贫资金产业项目管理暂行办法》（云贫开办发〔2011〕160 号）、《财政专项扶贫资金管理办法》（财农〔2011〕412 号）、《云南省财政专项扶贫资金管理办法》（云财农〔2013〕251号）。

扶持范围：重点投向国家和省级扶贫开发工作重点县的贫困乡、村，兼顾非重点县贫困区域的贫困乡、村，优先安排深度贫困群体聚集的区域。

扶持对象：扶持乡镇政府、龙头企业、农民专业合作组织等在贫困地区与贫困农户建立精准到户的利益联结机制的农、林、牧、渔特色农业产业项目。

扶持标准：财政扶贫资金对单个产业项目补助额度原则上不低于50万元，不超过100万元。

扶持方式：补助标准按年度确定，主要用于贫困农户发展农、林、牧、渔特色农业产业所需的种畜（禽）、种子、种苗以及直接相关的配套设施补助。不得用于项目单位购买设备、厂房建设、道路建设、征（租）地、支付人员工资以及其他与财政扶贫资金使用范围不符的开支。产业技术培训经费不得超过财政补助资金总额的2%。

5. 扶贫到户贷款贴息

政策依据：《云南省扶贫贷款贴息管理暂行办法》（云贫开办发〔2014〕177号）、《云南省财政专项扶贫资金管理办法》（云财农〔2013〕251号）。

扶持范围和对象：重点安排在连片特困地区县、国家和省扶贫开发工作重点县，重点投向2011年"扶贫人口信息系统"中首次录入的建档立卡贫困农户，并根据完成的建档立卡工作适时调整，确保建档立卡贫困农户申贷满足率达70%

以上，主要支持农户发展生产。对能人（大户）带动贫困农户共同致富的项目，在明确其扶贫责任的前提下，可给予适当支持。

贴息标准：到户贷款按年利率5%的标准给予贴息；贷款期限大于等于1年的，贴息期为1年，不足1年的据实贴息。

申请程序：农户在其村（组）提交申请表，由乡（镇）初审，报县扶贫办、承贷机构按部门职责审批。

贴息方式：到户贷款贴息资金可采取直接或通过承贷机构间接补贴给贫困农户两种方式，鼓励通过承贷机构补贴到贫困农户，具体贴息方式由各县（市、区）自行确定。

贴息额度：每户贫困农户一年内可对不超过5万元（含5万元）的到户贷款申请贴息资金。

6. 扶贫信贷项目贴息补助

政策依据：《云南省扶贫贷款贴息管理暂行办法》（云贫开办发〔2014〕177号）、《云南省财政专项扶贫资金管理办法》（云财农〔2013〕251号）。

补偿范围：由各级扶贫、财政部门核实推荐进入各级扶贫项目库的项目，两年内获得金融部门扶持，项目补偿内容须符合审批推荐的扶持内容环节。

补偿对象：扶贫项目库项目的实施单位。

补偿标准：按固定年利率3%的标准予以贴息。贷款期限大于等于1年的，贴息期为1年，不足1年的据实贴息。

办理程序：每一年度，年初由县级扶贫、财政部门将项目汇总，按项目申报的贷款额度，在各级权限内进行审核推荐。年末由各州（市、县）扶贫、财政部门对金融机构提供的相关放贷凭证和结息单进行审核确认，对通过审核的项目进行贴息资金的拨付。

7. 贫困村村级互助资金

政策依据：《国务院扶贫办财政部关于进一步做好贫困村互助资金试点工作的指导意见》（国开办发〔2009〕103 号）、《云南省扶贫办省财政厅关于进一步做好贫困村互助资金试点工作的指导意见》（云贫开办发〔2009〕203 号）、《云南省民政厅省扶贫办关于做好农村扶贫互助社登记工作的指导意见》（云民民〔2011〕93 号）、《云南省扶贫办省财政厅关于印发〈云南省贫困村互助资金绩效考评试行办法〉的通知》（云贫开办发〔2014〕14 号）。

项目内容：以财政扶贫资金为引导，村民自愿按一定比例交纳的互助金为依托，无任何附加条件的社会捐赠资金（以下简称"捐赠资金"）为补充，在贫困村建立民有、民用、民管、民享、周转使用的生产发展资金。

运行方式：在贫困村成立"扶贫互助社"，村民入社后以小组联保的方式从互助社获得小额、短期借款用于发展生产，期满后归还本金和占用费。占用费按比例提取公积金滚入本金，提取公益金用于村内公益事业，剩余部分用于维持互助社正常运转。

覆盖范围：全省所有贫困村（组）均可组建互助社，优先选择贫困程度较深的村（组），村（组）内所有农户均可申请入社。贫困户入社后优先获得借款。

实施程序：每一年度，省财政部门会同省扶贫办依据上一年度绩效考评结果将资金计划逐级下达到各县（市、区），由县级扶贫部门和财政部门按照竞争入围的方式确定项目村，制定项目实施方案并组织实施。互助社成立后，由社员大会、理事会、监事会等机构按照互助社章程规定的职责开展自主管理。

8. 易地扶贫搬迁

范围对象：云南省农村贫困地区贫困人口。

补助标准：人均补助财政专项扶贫资金6000元。

申报程序和依据：按照《云南省财政专项扶贫资金管理办法》（云财农〔2011〕412号）和《云南省易地扶贫开发项目管理暂行办法》（云贫开办发〔2010〕108号）文件要求逐级申报。

9. 扶贫安居工程

政策依据：《云南省农村扶贫开发纲要（2011～2020年）》（云发〔2012〕3号）、《财政专项扶贫资金管理办法》（财农〔2011〕412号）、《云南省财政专项扶贫资金管理办法》（云财农〔2013〕251号）、《云南省扶贫安居工程项目管理办法》（云贫开办发〔2014〕233号）。

补偿范围和对象：扶贫安居工程项目重点扶持片区县、扶贫开发重点县的住房困难农户。建档立卡贫困农户优先扶持，比例不低于60%。

补偿标准：扶持新建住房困难农户，每户补助 1 万元，建筑面积 60 平方米以上，并达到安全、实用的标准。项目建设周期一年。

10. 革命老区专项扶持资金

政策依据：《财政部关于印发〈革命老区转移支付资金管理办法〉的通知》（财预〔2012〕293 号）、《中共云南省委云南省人民政府关于加快革命老区开发建设的意见》（云发〔2007〕19 号）等。

补偿范围和对象：全省 59 个革命老区县和 36 个老区乡镇范围内的贫困人口、非公职"三老"人员及其遗孀。

补偿标准：根据革命老区县、乡（镇）的贫困人口、贫困程度、深度，以及贫困状况给予不同的补偿标准。

管理办法：革命老区专项资金项目实行分级管理负责。省级负责革命老区扶贫开发规划的制定和专项资金计划方案的编制；州（市）负责对专项资金项目选点及实施方案的审查批准；县（市、区）负责项目选点、实施方案编制、日常监督管理；乡镇具体组织实施。

（十九）省供销社

1. 省级农村现代流通网络体系建设专项资金

政策依据：《云南省省级农村现代流通网络体系建设专项资金管理暂行办法》（云财企〔2008〕333 号）。

支持范围：主要是供销合作社所属企业的仓储配送中心、

连锁经营网络、批发交易市场、冷链物流体系、再生资源回收网点、集散市场等新建和升级改造项目；"农超对接"项目；农村流通信息网络体系建设项目等。

支持方式：以银行贷款为主投资的项目，一般采取贷款贴息方式，贴息 1 年；以自筹资金为主投资，一般采取以奖代补方式；基层供销合作社建设项目、具有公益性和公共服务性项目，一般采取财政补助方式。

2. 食用菌产业发展专项资金

政策依据：《云南省食用菌产业发展专项资金管理暂行办法》（云财企〔2009〕535 号）。

支持范围：主要是野生食用菌资源保护与人工扩繁基地建设项目；人工食用菌规模化、示范性栽培项目；食用菌质量检测、技术开发、产品深加工、市场开拓、品牌建设等项目。

支持方式：一般采取以奖代补或财政补助的方式。

（二十）省粮食局

1. 中晚稻最低收购价

政策依据：《粮食流通管理条例》《云南省〈粮食流通管理条例〉实施办法》，国家发展改革委、财政部、农业部、国家粮食局、中国农业发展银行下发的《关于公布 2015 年稻谷最低收购价格的通知》（发改价格〔2015〕225 号）。

补贴范围：曲靖市、西双版纳州、德宏州、普洱市、楚雄州、保山市、红河州、大理州 8 个稻谷主产区。

补贴对象：全省 8 个稻谷主产区种粮农户。

补贴标准：2015 年生产的国标三等中晚籼稻和粳稻。中晚籼稻最低收购价 276 元/千克，粳稻最低收购价 3.10 元/千克。

补贴方式：中晚稻上市之后，市场价格低于每千克 2.76 元，粳稻市场价格低于每千克 3.10 元时，由各级粮食管理部门分别指定符合条件的粮食购销企业按最低收购价收购中晚稻，并在收购场所显著位置张榜公布实行最低收购价有关政策的粮食品种、收购价格、质量标准、水杂增扣量方式、结算方式和执行时间等政策信息。

2. 农户科学储粮

政策依据：《国务院关于当前稳定农业发展促进农民增收的意见》（国发〔2009〕25 号），国家发展改革委、国家粮食局《"十二五"农户科学储粮专项规划》（发改经贸〔2011〕587 号），国家发展和改革委员会、国家粮食局、财政部《农户科学储粮专项管理办法》（国粮展〔2011〕184 号）。

补贴对象：全省符合补贴条件的种粮农户。

补贴标准：专项投资中，中央投资补助 30%，地方各级财政资金补助原则上不低于 30%，其余 40% 由农户自筹资金解决。

补贴方式：遵循农户自愿申请、共同出资的原则，采取中央投资补助、地方财政资金补助和农户自筹相结合的投资方式，对购买小粮仓的农户，按照标准给予相应补贴。（来源：选自省委农办《新农村建设指导员工作手册》）

后　记

　　当前，云南各地正稳步实施精准扶贫战略。各地积极通过干部与贫困户结亲帮扶及"合作社＋基地＋农户"的模式，努力补齐"短板"，带领贫困户脱贫致富，这一系列举措受到贫困户的欢迎。但各地在推进精准扶贫的过程中亦存在不少隐忧，如帮扶举措"不精准""急躁症""数字扶贫""大跃进拆建"等现象。随着精准扶贫工作的深入推进，扶贫工作是否精准的问题逐步凸显。也由于扶贫工作时间紧、任务重，扶贫走形式等原因，精准扶贫工作引发广泛担忧。为此，云南财经大学校领导对扶贫项目高度重视，在他们的关心和指导下，钟正山美术馆、现代设计艺术学院师生组成设计团队奔赴文山马关，对小马固新寨、罗家坪、夹寒箐、马额等项目地进行环境的整治和可持续项目的规划，团队在实施的过程中也考察了云南其他地区精准扶贫的实施情况，发现了一些问题，意识到一些隐忧。笔者结合项目实施的心得和思路，在此将其整理成册，不敢说能破解精准扶贫中存在的隐忧，但求能够提出一些想法和思路，抛砖引玉，或许能为云南山地农村精准扶贫工作尽点微薄之力。

　　在编书的过程中，获悉李克强总理于 2016 年 9 月 14 日主持召开国务院常务会议，部署加快推进"互联网 + 政务服务"，深化政府自身改革，更大程度利企便民，决定大力发展装配式建筑，推动产业结构调整升级。

　　会议指出，加快推进"互联网 + 政务服务"，是深化简政放权、放管结合、优化服务改革的关键之举，有利于提高政府效率和透明度，降低制度性交易成本，变"群众跑腿"为"信息跑路"、变"企业四处找"为"部门协同办"。优化再造服务流程，各地区、各部门加快政务服务事项电子化和网络化，推动智慧城市建设。凡能实现网上办理的事项，不得要求群众必须到现场办理；能通过网络共享的材料，不得要求群众重复提交；能通过网络核验的信息，不得要求其他单位重复提供。对与企业注册登记、生产经营、资质认定、商标专利等，以及与居民教育医疗、户籍户政、社保等密切相关的服务事项，都要推行网上受理、办理、反馈，做到"应上尽上、全程在线"。

　　会议还指出，按照推进供给结构性改革和新型城镇化发展的要求，大力发展钢结构、混凝土等装配式建筑，具有发展节能环保新产业、提高建筑安全水平、推动化解过剩产能等一举多得之效。会议决定，以京津冀、长三角、珠三角城市群和常住人口超过 300 万的其他城市为重点，加快提高装配式建筑占新建建筑面积的比例。

　　要适应市场需求，完善装配式建筑标准规范，推进集成化设计、工业化生产、装配化施工、一体化装修，支持部品部件生产的企业完善品种和规格，引导企业研发适用技术、设备和机具，提高装配式建材应用比例，促进建造方式现代化。

要健全与装配式建筑相适应的发包承包、施工许可、工程造价、竣工验收等制度，实现工程设计、部品部件生产、施工及采购统一管理和深度融合。强化全过程监管，确保工程质量安全。

要加大人才培养力度，将发展装配式建筑列入城市规划建设考核指标，鼓励各地结合实际出台规划审批、基础设施配套、财政税收等支持政策，在供地方案中明确发展装配式建筑的比例要求。用适用、经济、安全、绿色、美观的装配式建筑服务发展方式转变、提升群众的生活品质。

得此消息，团队成员无不备受鼓舞，证明一年多来我们的研究方向是对的。高兴之余又觉得压力巨大，只有再接再厉继续深化已经开始和正在进行的探索，才能为云南农村建设再立新功。

囿于水平，不足之处，在所难免，在本书的编写过程中，得到云南财经大学城市与环境学院院长、西南边疆山地区域开发协同创新中心副主任张洪教授的鼎力支持，美术馆的刘希玺老师和公共管理学院的硕士研究生崔元同学也为本书成册查阅了大量的资料，做了细致的工作，在此一并致以诚挚的谢意。

农 伟

云南财经大学

2016 年 9 月 21 日

图书在版编目（CIP）数据

云南边疆山地区域新农村建设实践／农伟，王智慧，崔木扬著. -- 北京：社会科学文献出版社，2017.8

（西南边疆山地区域开发开放协同创新中心研究丛书）

ISBN 978 - 7 - 5201 - 0146 - 2

Ⅰ.①云…　Ⅱ.①农…②王…③崔…　Ⅲ. 边疆地区 - 山区 - 农村 - 社会主义建设 - 研究 - 云南　Ⅳ. ①F327.74

中国版本图书馆 CIP 数据核字（2016）第 304205 号

·西南边疆山地区域开发开放协同创新中心研究丛书·

云南边疆山地区域新农村建设实践

著　　者／农　伟　王智慧　崔木扬

出 版 人／谢寿光
项目统筹／宋月华　杨春花
责任编辑／周志宽　王蓓遥

出　　版／社会科学文献出版社·人文分社(010) 59367215
　　　　　地址：北京市北三环中路甲 29 号院华龙大厦　邮编：100029
　　　　　网址：www. ssap. com. cn
发　　行／市场营销中心（010) 59367081　59367018
印　　装／三河市尚艺印装有限公司

规　　格／开　本：787mm × 1092mm　1/16
　　　　　印　张：20　字　数：207 千字
版　　次／2017 年 8 月第 1 版　2017 年 8 月第 1 次印刷
书　　号／ISBN 978 - 7 - 5201 - 0146 - 2
定　　价／98.00 元

本书如有印装质量问题，请与读者服务中心（010 - 59367028）联系